はじめに

　本書を手に取っていただき、ありがとうございます。
　この本は、場面ごとに使える韓国語を身につけたい方に、一番最初に手に取ってもらいたい一冊です。
　韓国でも大人気のハローキティ、シナモン、クロミなどのサンリオキャラクターたちと一緒に、韓国語の文字「ハングル」の読み方と書き方を理解し、簡単なフレーズを使えるようになるために作られた、スタートブックの1冊です。
　本書では、日常でよく使う単語やフレーズを、学びやすく練習できるように工夫しました。韓国旅行を想定した「観光」、「買い物」、「食事」、「カフェ」では、私が韓国に行って困った場面で助けになったフレーズ、知っておきたかった単語を載せました。「推し活」では「推し」がいなくても楽しめる内容になっています。かわいいキャラクターたちと一緒に楽しく学びましょう。
　最近はK-POPだけでなく、ドラマや映画など韓国のエンターテインメントが世界的に注目され、それに伴って、彼らが話す言葉を理解したい、自分も話したいと、韓国語への関心も高まってきています。そして、実際に韓国へ旅行に行ったり、韓国人と友達になったりする機会も増えてきています。隣国の言葉を学び文化を理解することは、両国の相互理解を深めることです。韓国語教育に携わるものとして、こうした流れは大変うれしいことです。
　哲学者ルートヴィヒ・ヴィトゲンシュタインは「私の言語の限界が、私の世界の限界を意味する」と言いました。言語を学ぶことは、自身の世界や可能性を広げることになるということです。
　本書が、韓国語を学ぼうとしている方々の手に触れられて、新しい世界への扉を開くお手伝いができたらと心から願っています。

丹羽裕美

本書の使い方

本書は、韓国語の単語やフレーズを覚えるための一冊です。
主に「単語を学ぶページ」と「フレーズを学ぶページ」、「おさらいページ」にわかれています。

単語を学ぶページ

フレーズを学ぶページ

❶ テーマに関連した単語を紹介しています。
❷ 単語に関する補足や豆知識を紹介しています。
❸ 単語を使った例文を紹介しています。
❹ このトラック番号で、該当の単語の音声を再生できます。

❶ テーマに関連したフレーズを紹介しています。
❷ このトラック番号で該当のフレーズの音声を再生できます。

おさらいページ

❶ シーンごとによく使うフレーズを紹介しています。言いかえができる単語が入る箇所に穴があいています。

❷ ❶のフレーズの穴にはめられる単語をいくつか紹介しています。単語をはめてフレーズを口に出して練習しましょう。

音声について

本書に掲載されている単語やフレーズの音声が収録されています。お使いの端末に応じて、以下の手順でご利用ください。

▶スマホやタブレットをお使いの方
①右の二次元コードを読み取るか、URL にアクセスして、音声再生アプリ「my-oto-mo（マイオトモ）」をダウンロードしてください。
②アプリを立ち上げて『サンリオキャラクターズと韓国語スタートブック 単語＆フレーズを覚えよう！』を選択してください。

▶パソコンをお使いの方
①右の URL にアクセスして、ページ下部にある【語学・検定】の『サンリオキャラクターズと韓国語スタートブック 単語＆フレーズを覚えよう！』のリンクをクリックし、zip ファイルをダウンロードしてください。
②ファイルを解凍してください。音声番号ごとに mp3 ファイルが収録されています。再生するには、Windows Media Player や iTunes などの再生ソフトが必要です。

https://gakken-ep.jp/extra/myotomo/

【注意事項】
・お客さまのネット環境やご利用の端末により、音声の再生やアプリの利用ができない場合、当社は責任を負いかねます。
・アプリは無料ですが、通信料はお客さまのご負担になります。

本書では、はじめて韓国語を学ぶ方のため、ハングルの単語やフレーズにカタカナの読み方を示してあります。ネイティブスピーカーの発音に近づけるように表記を工夫していますが、正確に表すことには限度があります。あくまで目安としてとらえ、音声を聞いて正しい発音をご確認ください。

目次

はじめに ………… 003
本書の使い方 ………… 004
目次 ………… 006
この本に登場する主なサンリオキャラクターズ ………… 008

CHAPTER 1　基本

韓国語の基礎 ………… 012
ハングル表 ………… 014
基本の単語 ………… 016
基本のあいさつ ………… 020
肯定文と否定文 ………… 022

CHAPTER 2　観光

観光で使える単語　観光をしよう ………… 026
観光で使えるフレーズ　空港などで要望を伝える ………… 028
観光で使えるフレーズ　ホテルなどで要望を伝える ………… 030
観光で使えるフレーズ　タクシーなどで要望を伝える ………… 032
観光で使えるフレーズ　街中での質問いろいろ ………… 034
観光で使える単語おきかえフレーズ ………… 036

CHAPTER 3　買い物

買い物で使える単語　韓国コスメ ………… 038
買い物で使える単語　日用品 ………… 040
買い物で使える単語　洋服など ………… 042
買い物で使える単語　サイズ・色など ………… 044
買い物で使えるフレーズ　店などでものを探すとき ………… 046
買い物で使えるフレーズ　店などで支払うとき ………… 048
買い物で使える単語おきかえフレーズ ………… 050

CHAPTER 4　食事

食事で使える単語　食事に行こう① ………… 052
食事で使える単語　食事に行こう② ………… 054

食事で使えるフレーズ　レストランなどで予約をする ……………… 056
食事で使えるフレーズ　レストランなどで入店のときに ……………… 058
食事で使えるフレーズ　レストランなどで注文をする ……………… 060
食事で使えるフレーズ　レストランなどで会計などをする ……………… 062
【COLUMN】未来（推量）・現在・過去の作り方 ……………… 064
食事で使えるフレーズ
レストランなどで要求などを伝える ……………… 066
食事で使える単語おきかえフレーズ ……………… 068

CHAPTER 5　カフェ

カフェで使える単語　カフェに行こう① ……………… 070
カフェで使える単語　カフェに行こう② ……………… 072
カフェで使えるフレーズ　カフェなどで注文をする ……………… 074
カフェで使えるフレーズ　カフェなどで要求などを伝える ……………… 076
カフェで使える単語おきかえフレーズ ……………… 078

CHAPTER 6　推し活

推し活で使える単語　推し活をしよう① ……………… 080
推し活で使える単語　推し活をしよう② ……………… 082
推し活で使える単語　推し活をしよう③ ……………… 084
推し活で使える単語　応援グッズ ……………… 086
推し活で使える単語　SNS ……………… 088
推し活で使える単語　ドラマ・映画 ……………… 090
推し活で使えるフレーズ　SNSなどでメッセージを伝える ……………… 092
推し活で使えるフレーズ
コンサートで推しの言葉を理解したい！① ……………… 094
推し活で使えるフレーズ
コンサートで推しの言葉を理解したい！② ……………… 096
推し活で使えるフレーズ　推しとヨントンで会話したい！ ……………… 098
推し活で使えるフレーズ　SNSなどで推し仲間と会話 ……………… 100
【COLUMN】韓国での팬질（ペンジル） ……………… 102
推し活で使える単語おきかえフレーズ ……………… 104

索引 ……………… 105

この本に登場する主な サンリオキャラクターズ

ハローキティ

ハローキティ	ミミィ	ダニエル スター	タイニーチャム

シナモロール

シナモン	モカ

みるく	シフォン	カプチーノ	エスプレッソ

クロミ

クロミ	バク

マイメロディ

マイメロディ	ピアノちゃん	フラットくん	りすくん

ポムポムプリン

プリン	マフィン

パパ	ママ	おじいちゃん	おばあちゃん

ポチャッコ

ポチャッコ	ピーちゃんズ

ラビ	チュピ	ポンチ	レイチェル	トトラ

ハンギョドン

ハンギョドン

けろけろけろっぴ

さゆり	おたまろ	けろっぴ	けろりーぬ	キョロスケ	けろっぺ

バッドばつ丸 / タキシードサム / あひるのペックル

ばつ丸	グッドはな丸	伊集院パンダバ	サム	チップ	ペックル

リトルツインスターズ / こぎみゅん / ぐでたま / コロコロクリリン

キキ	ララ	こぎみゅん	ぐでたま	ニセたま	クリリン

ウィッシュミーメル / チャーミーキティ / マロンクリーム / まるもふびより / シュガーバニーズ

メル	チャーミー	マロンクリーム	モップ	しろうさ	くろうさ

KIRIMIちゃん. / ウサハナ / ぼんぼんりぼん / ザ・ボードビルデュオ / ルロロマニック

KIRIMIちゃん.	ハナ	ぼんぼんりぼんちゃん	エディ	エミィ	ベリー

みんなのたあ坊 / ニャニィニュニェニョン / ザシキブタ / ゴロピカドン / チアリーチャム

チェリー	たあ坊	ニャニィ・ニュ・ニェ・ニョン	ザシキブタ	ゴロ・ピカ・ドン	チャム

포기하지 마！…「あきらめないで！」という意味を持つ言葉。포기하다（あきらめる）に禁止の表現・지 마（〜するな）を続けた応援フレーズ。親しい間柄で用いられます。

韓国語の基礎

ハングル文字

ハングル文字とは、音を表す文字でアルファベットやローマ字と同じ表音文字です。ハングル各々のパーツが音を表しています。

例えば、「国」という意味の「나라」は下記のように表します。

子音		母音		
n	+	a	=	na
ㄴ		ㅏ		나
r	+	a	=	ra
ㄹ		ㅏ		라

2つ目の子音を**パッチム**と呼び、子音＋母音の下の位置にきます。

「한국」は「韓国」という意味です。

> **韓国語の文**

語順は日本語とよく似ており、さらに「てにをは」にあたる助詞もあります。助詞のあとにはスペースをつくり、文末にはピリオドを、疑問文ではクエスチョンマークをつけます。疑問文の文末は上げ調子で読みます。

例 日本語：明日 コンサートに 行きます。
韓国語：내일 콘서트에 가요.
　　　　ネイル　コンソトゥエ　カヨ

このように日本語と類似点の多い韓国語は、日本語を母語とする人たちにとって、学びやすい言語と言えるでしょう。

🎀 **基本の助詞**（助詞の直前の文字がパッチムで終わる場合は、/の右側を使います。）

～は	는／은 ヌン　ウン	～が	가／이 ガ　イ
～を	를／을 ルル　ウル	～に	에 エ 한테 人、生物に用いる。 ハンテ
～で	에서 エソ 場所（～から）の意味もある。	～から	부터 ブト 時間（～から）の意味。
～まで	까지 ッカヂ	～も	도 ド
～と	하고 ハゴ	～で	（手段・材料）로／으로 ロ　ウロ

＊会話の場合、意味が通じればこれらの助詞を省略することがあります。

> **韓国語の文**

ここでは、大まかに4つの文体を説明します。

- 합니다体…公的な場での会話や演説など、格式のある丁寧形。
　ハㇺニダ
- 해요体…日常的に使う柔らかい印象を与える丁寧形。
　ヘヨ
- 한다体…新聞、論文などの書き言葉や親しい人や年下の人に対する話し言葉。
　ハンダ
- 해体…親しい人や年下の人に対して用いる話し言葉。
　ヘ

これらの文体によって、例えば「私」を합니다体と해요体では「저」を用い、한다体と해体では「나」のように使い分けます。
　　　　　　　　　　　　　　　　　　　　　　　　　　　　チョ　　　　　　　　　　　　　　　ナ

ハングル表

子音 母音	ㄱ カ	ㄴ ナ	ㄷ タ	ㄹ ラ	ㅁ マ	ㅂ バ	ㅅ サ
ㅏ ア	가 カ・ガ	나 ナ	다 タ・ダ	라 ラ	마 マ	바 パ・バ	사 サ
ㅑ ヤ	갸 キャ・ギャ	냐 ニャ	댜 ティャ・ディャ	랴 リャ	먀 ミャ	뱌 ピャ・ビャ	샤 シャ
ㅓ オ	거 コ・ゴ	너 ノ	더 ト・ド	러 ロ	머 モ	버 ポ・ボ	서 ソ
ㅕ ヨ	겨 キョ・ギョ	녀 ニョ	뎌 ティョ・ディョ	려 リョ	며 ミョ	벼 ピョ・ビョ	셔 ショ
ㅗ オ	고 コ・ゴ	노 ノ	도 ト・ド	로 ロ	모 モ	보 ポ・ボ	소 ソ
ㅛ ヨ	교 キョ・ギョ	뇨 ニョ	됴 トィョ・ドィョ	료 リョ	묘 ミョ	뵤 ピョ・ビョ	쇼 ショ
ㅜ ウ	구 ク・グ	누 ヌ	두 トゥ・ドゥ	루 ル	무 ム	부 プ・ブ	수 ス
ㅠ ユ	규 キュ・ギュ	뉴 ニュ	듀 テュ・デュ	류 リュ	뮤 ミュ	뷰 ピュ・ビュ	슈 シュ
ㅡ ウ	그 ク・グ	느 ヌ	드 トゥ・ドゥ	르 ル	므 ム	브 プ・ブ	스 ス
ㅣ イ	기 キ・ギ	니 ニ	디 ティ・ディ	리 リ	미 ミ	비 ピ・ビ	시 シ

014

子音 / 母音	ㅇ ア	ㅈ ヂャ	ㅊ チャ	ㅋ カ	ㅌ タ	ㅍ パ	ㅎ ハ
ㅏ ア	아 ア	자 チャ・ヂャ	차 チャ	카 カ	타 タ	파 パ	하 ハ
ㅑ ヤ	야 ヤ	쟈 チャ・ヂャ	챠 チャ	캬 キャ	탸 ティャ	퍄 ピャ	햐 ヒャ
ㅓ オ	어 オ	저 チョ・ヂョ	처 チョ	커 コ	터 ト	퍼 ポ	허 ホ
ㅕ ヨ	여 ヨ	져 チョ・ヂョ	쳐 チョ	켜 キョ	텨 ティョ	펴 ピョ	혀 ヒョ
ㅗ オ	오 オ	조 チョ・ヂョ	초 チョ	코 コ	토 ト	포 ポ	호 ホ
ㅛ ヨ	요 ヨ	죠 チョ・ヂョ	쵸 チョ	쿄 キョ	툐 ティョ	표 ピョ	효 ヒョ
ㅜ ウ	우 ウ	주 チュ・ヂュ	추 チュ	쿠 ク	투 トゥ	푸 プ	후 フ
ㅠ ユ	유 ユ	쥬 チュ・ヂュ	츄 チュ	큐 キュ	튜 テュ	퓨 ピュ	휴 ヒュ
ㅡ ウ	으 ウ	즈 チュ・ヂュ	츠 チュ	크 ク	트 トゥ	프 プ	흐 フ
ㅣ イ	이 イ	지 チ・ヂ	치 チ	키 キ	티 ティ	피 ピ	히 ヒ

TRACK 001
基本の単語

漢数詞

1	2	3	4	5	6	7	8	9	10
일 イル	이 イ	삼 サム	사 サ	오 オ	육 ユク	칠 チル	팔 パル	구 ク	십 シプ
11	12	13	14	15	16	17	18	19	20
십일 シビル	십이 シビ	십삼 シプサム	십사 シプサ	십오 シボ	십육 シムニュク	십칠 シプチル	십팔 シプパル	십구 シプク	이십 イシプ
30	40	50	60	70	80	90	100	1,000	0
삼십 サムシプ	사십 サシプ	오십 オシプ	육십 ユクシプ	칠십 チルシプ	팔십 パルシプ	구십 クシプ	백 ペク	천 チョン	공 / 영 コン ヨン

韓国語の数字の数え方は、漢字をもとにした漢数詞と、韓国語固有の固有数詞があります。漢数詞は番号、貨幣、日付などの単位に用います。

年月日

例 2025年10月9日：이천이십오 년 시월 구일
　　　　　　　　　イチョニシボ ニョン シウォル クイル

1月	2月	3月	4月	5月	6月
일월 イロル	이월 イウォル	삼월 サムォル	사월 サウォル	오월 オウォル	유월 ユウォル
7月	8月	9月	10月	11月	12月
칠월 チロル	팔월 パロル	구월 クウォル	시월 シウォル	십일월 シビロル	십이월 シビウォル

016

> **問題**
>
> ☐ にあてはまる単語を入れましょう。
>
> Q：今日は何月何日ですか。
> 오늘은 몇 월 며칠입니까?
> オ ヌルン ミョドル ミョチリム ニッカ
>
> A：6月 20 日です。
> ☐ ☐ 일입니다.
>
> 答え　유월 이십

固有数詞

1	2	3	4	5	6	7	8	9	10
하나 ハナ	둘 トゥル	셋 セッ	넷 ネッ	다섯 タソッ	여섯 ヨソッ	일곱 イルゴプ	여덟 ヨドル	아홉 アホプ	열 ヨル
한 ハン	두 トゥ	세 セ	네 ネ						

11	12	13	14	15	16	17	18	19	20
열하나 ヨラナ	열 둘 ヨルトゥル	열 셋 ヨルセッ	열 넷 ヨルレッ	열다섯 ヨルタソッ	열여섯 ヨルリョソッ	열일곱 ヨルリルゴプ	열여덟 ヨルリョドル	열아홉 ヨラホプ	스물 スムル
열 한 ヨラン	열 두 ヨルトゥ	열 세 ヨルセ	열 네 ヨルレ						스무 スム

固有数詞は回数、個数、人数などの単位に用います。後ろに単位が続くとき、1〜4、11〜14と20は下段を用います。例えば、20歳なら스무 살(歳)ですが、21歳になると스물 한 살(歳)となります。

30	40	50	60	70	80	90
서른 ソルン	마흔 マフン	쉰 スィン	예순 イェスン	일흔 イルン	여든 ヨドゥン	아흔 アフン

100以上は漢数詞を用います。

時刻

1時	2時	3時	4時	5時	6時
한 시 ハン シ	두 시 トゥ シ	세 시 セ シ	네 시 ネ シ	다섯 시 タソッ シ	여섯 시 ヨソッ シ
7時	8時	9時	10時	11時	12時
일곱 시 イルゴプ シ	여덟 시 ヨドル シ	아홉 시 アホプ シ	열 시 ヨル シ	열한 시 ヨラン シ	열두 시 ヨルトゥ シ

時間は固有数詞を、分や秒は漢数詞を用います。

固有数詞＋시（時） 漢数詞＋분（分）
　　　　　シ　　　　　　　　　　ブン

例 12時30分：열두 시 삼십 분 *前の数字が육と십のときは뿐と発音します。
　　　　　　ヨルトゥ シ サムシプ ブン　　　　　　　　　　　　　　　プン
　12時半：열두 시 반
　　　　　ヨルトゥ シ バン

13時、20時のような言い方もありますが、日常生活では午前（오전）や午後
　　　　　　　　　　　　　　　　　　　　　　　　　　　　　　　　オ チョン
（오후）をつけて、例えば午後1時は오후 한 시のように用います。
　オ フ　　　　　　　　　　　　　　オ フ ハン シ

問題

　　　　にあてはまる単語を入れましょう。

Q：今、何時ですか。
　　지금 몇 시입니까?
　　チグム ミョッ シイムニッカ

A：12時 15 分です。
　　　　　　　　　분입니다.

答え　열두 시 십오

曜日

月曜日	火曜日	水曜日	木曜日	金曜日	土曜日	日曜日
월요일 ウォリョイル	화요일 ファヨイル	수요일 スヨイル	목요일 モギョイル	금요일 クミョイル	토요일 トヨイル	일요일 イリョイル

問題

　　　　　にあてはまる単語を入れましょう。

Q：今日は何曜日ですか。

　오늘 무슨 요일입니까?
　オ ヌル　ム スン ニョ イ リム ニ ッカ

A：木曜日です。

　　　　　입니다.

答え　목요일

1

基本

指示詞

この	이 イ	その	그 ク
あの	저 チョ	どの	어느 オ ヌ
これ	이것 = 이거 イゴッ　イ ゴ	それ	그것 = 그거 クゴッ　ク ゴ
あれ	저것 = 저거 チョゴッ　チョ ゴ	どれ	어느 것 = 어느 거 オ ヌ ゴッ　オ ヌ ゴ
ここ	여기 ヨ ギ	そこ	거기 コ ギ
あそこ	저기 チョ ギ		

疑問詞

何	무엇 ム オッ	誰	누구 ヌ グ
どこ	어디 オ ディ	いつ	언제 オンヂェ
なぜ	왜 ウェ	いくら	얼마 オル マ

019

基本のあいさつ

TRACK 002

こんにちは。
안녕하세요.
アンニョン ア セ ヨ

はじめまして。
처음 뵙겠습니다.
チョウム ペッケッスム ニ ダ

会えてうれしいです。
반가워요.
パン ガ ウォ ヨ

よろしくお願いします。
잘 부탁합니다.
チャル プ タカム ニ ダ

お元気ですか。
잘 지냈어요?
チャル チ ネッソ ヨ

はい。
네.
ネ

いいえ。
아니요.
ア ニ ヨ

ありがとうございます。
고마워요. /
コマウォヨ
감사합니다.（丁寧な言い方）
カムサハムニダ

どういたしまして。
아니에요. /
アニエヨ
별말씀을요.（丁寧な言い方）
ピョルマルッスムルリョ

ごめんなさい。
미안해요.
ミアネヨ

すみません。
죄송합니다.
チェソンハムニダ

大丈夫です。
괜찮아요.
クェンチャナヨ

さようなら。
안녕히 가세요.（去る人に対して）
アンニョンイ ガ セヨ
안녕히 계세요.（残る人に対して）
アンニョンイ ゲ セヨ

また会いましょう。
또 만나요.
ットマンナヨ

肯定文と否定文

肯定 ○○（名詞）です

합니다体：名詞に 입니다 を続ける。
해요体：名詞の語末にパッチム（2つ目の子音）がなければ 예요、パッチムがあれば 이에요 を続ける。

例「日本人です。」
합니다体：일본 사람입니다.
해요体：일본 사람이에요.

否定 ○○（名詞）ではありません

名詞の語末にパッチムがなければ 가、パッチムがあれば 이 をつけてから
합니다体：아닙니다 を続ける。
해요体：아니에요 を続ける。

例「韓国人ではありません。」
합니다体：한국 사람이 아닙니다.
해요体：한국 사람이 아니에요.

問題

下の単語を使いながら(1)〜(5)の文を 해요体 で作ってみましょう。
＜単語＞하늘、미소라、카즈마、서준、自分の名前

(1) 美空です。　(2) ハヌルではありません。　(3) 一真です。
(4) ソジュンではありません。　(5) ［自分の名前］です。

答え
(1) 미소라예요.　(2) 하늘이 아니에요.　(3) 카즈마예요.　(4) 서준이 아니에요.

> **肯定** あります、います （存在詞）

합니다体：있습니다　例　학생이 있습니다．　学生がいます。
해요体：있어요　例　학생이 있어요．　学生がいます。

> **否定** ありません、いません （存在詞）

합니다体：없습니다　例　가게가 없습니다．　店がありません。
해요体：없어요　例　가게가 없어요．　店がありません。

> **肯定** ～ます、～です（動詞、形容詞）

辞書に載っている形は다で終わるのが特徴で、다をとったものを **語幹** と言います。語幹の最後の文字を **語幹末** と言います。
합니다体：語幹末にパッチムがない場合は ㅂ니다 を、語幹末にパッチムがある場合は 습니다 を続ける。
해요体：語幹末の母音が 아、야、오 の場合は 아요 を、아、야、오以外の場合は 어요 を続ける。

例　「食べます。」（「食べる」먹다の語幹먹を確認する）
　　합니다体：먹습니다
　　해요体：먹어요

> **問題**

語幹を答えて、丁寧形（합니다体と해요体）にしてみましょう。
例：좋다（良い）　語幹 __좋__ 　합니다体 __좋습니다__ 　해요体 __좋아요__
(1) 싫다（嫌だ）　語幹_____　합니다体_____　해요体_____
(2) 하다（する）　語幹_____　합니다体_____　해요体_____

答え
(1) 語幹 __싫__ 　합니다体 __싫습니다__ 　해요体 __싫어요__
(2) 語幹 __하__ 　합니다体 __합니다__ 　해요体 __해요__ ＊　＊(2) 하다は特別に해요になる。

023

否定 〜ません、〜ではありません（動詞、形容詞）

動詞や形容詞の前に안をつける。

例「食べません。」
합니다体：안 먹습니다
해요体：안 먹어요

問題

動詞や形容詞を否定にして、해요体で書いてみましょう。

例：좋다（良い）　　　　否定 <u>안 좋아요</u>
(1) 마시다（飲む）　　　否定 _____
(2) 달다（甘い）　　　　否定 _____
(3) 연락하다（連絡する）　否定 _____
(4) 따뜻하다（あたたかい）否定 _____

答え
(1) 안 마셔요*
(2) 안 달아요
(3) 연락 안 해요*
(4) 안 따뜻해요

＊(1) パッチムのない語幹の해요体は、母音と -아/-어が縮約し（마시＋어＝마셔）となる。
＊(3) 動詞の하다の場合、안は해요の前につける。

024

CHAPTER 2
観光

할 수밖에 없어!

할 수 밖에 없어!…「やるしかない!」という意味を持つ言葉。あとには引けない場面で、プレッシャーや不安に押しつぶされそうな友人や自身を鼓舞するときに用います。

観光で使える単語

TRACK 003
観光をしよう

☐ 旅行

여행
ヨ　ヘン

例文 韓国に旅行をします。

한국에 여행을 가요.
ハング ゲ ヨ ヘンウル カ ヨ

☐ 空港

공항
コン ハン

例文 空港に到着しました。

공항에 도착했어요.
コンハン エ　ト チャ ケッ ソ ヨ

☐ 観光

관 광
クァングァン

例文 観光で来ました。

관광으로 왔어요.
クァングァン ウ　ロ　ワッソ ヨ

☐ パスポート

여 권
ヨ　ックォン

例文 パスポートを見せていただけますか。

여권 보여 주시겠 습니까?
ヨ ックォン　ポ ヨ　チュ シ ゲッスム ニッカ

☐ 地図

지도
チ　ド

例文 市内の地図を見せてください。

시내 지도를 보여 주세요.
シ ネ　チ ドルル ポ ヨ　チュセ ヨ

026

- [ ] Wi-Fi

와이파이
ワイパイ

例文 無料のWi-Fiを使ってください。

무료 와이파이를 사용하세요.
ムリョ ワイパイルル サヨンハセヨ

- [ ] 円 / ウォン

엔 / 원
エン　ウォン

例文 円をウォンに換えたいんですけれど。

엔을 원으로 바꾸고 싶은데요.
エヌル ウォヌロ パックゴ シプンデヨ

- [ ] 交通カード

교통카드
キョトン カ ドゥ

例文 交通カードをください。

교통카드를 주세요.
キョトン カドゥルル ヂュセヨ

🌸 交通カード（T-money）は、韓国のコンビニで購入できます。

- [ ] バス

버스
ポ　ス

例文 このバスは市庁に行きますか。

이 버스는 시청에 가요？
イ ポスヌン シチョンエ カヨ

- [ ] 地下鉄

지하철
チ　ハ チョル

例文 地下鉄に乗り換えればいいです。

지하철로 갈아타면 돼요.
チハチョルロ カラタミョン ドゥエヨ

- [ ] タクシー

택시
テクシ

例文 タクシーに財布を置き忘れた。

택시에 지갑을 두고 내렸어.
テクシエ ヂガブル ドゥゴ ネリョッソ

2 観光

027

観光で使えるフレーズ
♪ TRACK 004
空港などで 要望を伝える

- 窓側の席にしてください。

창가좌석으로 해 주세요.
チャンッカ ヂャ ソ グ ロ ヘ ヂュセ ヨ

- ターミナルを間違えてしまいました。

터미널을 잘못 찾아왔어요.
ト ミ ノ ルル チャルモッ チャヂャ ワッソヨ

- 搭乗口はどこですか。

탑승구는 어디예요?
タプ スン グ ヌン オ ディイェ ヨ

- 入国審査カードをください。

입국심사카드를 주세요.
イプ ククシム サ カ ドゥルル ヂュセ ヨ

- ビザを申請しましたか。

비자를 신청했습니까?
ピ ヂャルル シンチョンヘッスム ニ ッカ

028

☐ 市内にも換金所があります。

시내에도 환전소가 있어요.
シ ネ エ ド ファンヂョンソ ガ イッソヨ

☐ 銀行で両替したいんですが。

은행에서 환전하고 싶은데요.
ウ ネ エ ソ ファンヂョナ ゴ シ プン デ ヨ

☐ レート（手数料）はいくらですか。

환율은 (수수료는) 얼마예요？
ファニュルン ス スリョヌン オル マ イェ ヨ

☐ T-moneyカードはどこで手に入りますか。

티머니 카드를 어디서 구할 수 있어요？
ティ モ ニ カ ドゥルル オ ディ ソ ク ハル ス イッソヨ

☐ チャージしたいんですが。

충전하고 싶은데요.
チュンヂョ ナ ゴ シ プン デ ヨ

☐ ○○まではどうやって行くのですか。

○○까지 어떻게 가야 해요？
ッカ ヂ オッ ト ケ カ ヤ ヘ ヨ

029

観光で使えるフレーズ

TRACK 005
ホテルなどで 要望を伝える

- [ ] チェックインをお願いします。

체크인 부탁합니다.
チェクイン プタカムニダ

- [ ] 2泊3日で予約しました。

이박 삼일로 예약했어요.
イパク サミルロ イェヤケッソヨ

- [ ] 日本語ができるスタッフはいますか。

일본어 할 수 있는 스태프 있어요?
イルポノ ハル ス インヌン ステプ イッソヨ

- [ ] 荷物をあずけていいですか。

짐을 맡겨도 돼요?
チムル マッキョド ドゥェヨ

- [ ] タクシーを呼んでいただけますか。

택시를 불러 주시겠어요?
テクシルル プルロ チュシゲッソヨ

030

☐ トイレにトイレットペーパーがなくなりました。

화장실에 휴지가 다 떨어졌어요.
ファヂャンシ レ ヒュヂガ タ ットロ ヂョッソ ヨ

☐ シャワーのお湯が出ません。

샤워실에 뜨거운 물이 안 나와요.
シャウォシ レ ットゥゴ ウン ム リ アン ナ ワ ヨ

☐ バスタオルをもう1枚お願いします。

배스타월을 한 장 더 주세요.
ペ ス タ ウォルル ハン ヂャン ト ヂュセ ヨ

☐ エアコンがつきません。

에어컨이 안 켜져요.
エ オ コ ニ アン キョヂョ ヨ

☐ 部屋を変えてください。

방을 바꿔 주세요.
パンウル パックォ ヂュセ ヨ

☐ Wi-Fiがつながらないです。

와이파이가 연결이 안 돼요.
ワ イ パ イ ガ ヨンギョ リ アン ドゥエ ヨ

2 観光

031

観光で使えるフレーズ

TRACK 006
タクシーなどで
要望を伝える

☐ 運転手さん、こんにちは。

기사님 안녕하세요.
キ サ ニ ム　アンニョン ア セ ヨ

☐ ○○まで行ってください。

○○까지 가 주세요.
ッカ ヂ　カ　ヂュ セ ヨ

☐ いくらくらいでしょうか。

얼마 정도 나올까요?
オル マ　ヂョン ド　ナ オル ッカ ヨ

☐ どのくらい時間がかかりますか。

시간 얼마나 걸려요?
シ ガン　オル マ ナ　コル リョ ヨ

☐ そこで停めてください。

거기서 세워 주세요.
コ ギ ソ　セ ウォ　ヂュ セ ヨ

- ☐ ここで降ります。

  여기서 내릴게요.
  ヨギソ ネリルッケヨ

- ☐ 現金払いでもいいですか。

  현금으로 내도 돼요?
  ヒョングムロ ネド ドゥエヨ

- ☐ (値段が)高いようですが。

  비싼 거 같은데요.
  ピッサン ゴ カトゥンデヨ

- ☐ お釣りをください。

  거스름돈 주세요.
  コスルムトン ヂュセヨ

- ☐ お釣りはいりません。

  거스름돈 됐어요.
  コスルムトン ドゥェッソヨ

- ☐ ありがとうございます。お疲れ様です。

  감사합니다. 수고하세요.
  カムサハムニダ スゴハセヨ

観光で使えるフレーズ

🎵 TRACK 007

街中での
質問いろいろ

- ○○をご存じですか。

  ○○아세요 ?
  　　ア セ ヨ

- ○○を食べたいんですけれど。

  ○○먹고 싶은데요 .
  　　モッコ　シプンデヨ

- 近くにおいしいお店はありますか。

  근처에 맛집 있어요 ?
  クンチョエ　マッチプ　イッソヨ

- ○○を買いたいんですけれど。

  ○○사고 싶은데요 .
  　　サゴ　シプンデヨ

- 近くにお店はありますか。

  근처에 가게 있어요 ?
  クンチョエ　カゲ　イッソヨ

- ☐ ○○に行きたいんですけれど。

  ○○에 가고 싶은데요.
  エ カゴ シプンデヨ

- ☐ どうやって行けばいいですか。

  어떻게 가면 돼요?
  オットケ カミョン ドゥェヨ

- ☐ 右に（左に）行けばいいです。

  오른쪽으로 (왼쪽으로) 가면 돼요.
  オルンッチョグロ ウェンッチョグロ カミョン ドゥェヨ

- ☐ 何階にありますか。

  몇 층에 있어요?
  ミョッ チュンエ イッソヨ

- ☐ 1階／2階／3階

  일 층 / 이 층 / 삼 층
  イル チュン イ チュン サム チュン

- ☐ 地下鉄の駅はどこですか。

  지하철 역 어디예요?
  チ ハ チョル リョク オディイェヨ

2 観光

観光で使える

🎵 TRACK 008

単語おきかえフレーズ

シーンごとに使えるフレーズを紹介！
□の中にそれぞれの単語を入れて使ってみよう♪

「どこ」にあるのか聞きたいとき

□ はどこですか。

□ 어디예요？
　オ　ディ　イェ　ヨ

駅	ホテル	トイレ
역 ヨク	호텔 ホ　テル	화장실 ファヂャンシル

デパート	免税店	コンビニ
백화점 ペ　クァ ヂョム	면세점 ミョン セ ヂョム	편의점 ピョニ ヂョム

バス乗り場	乗り換えるところ	席
버스 타는 곳 ポ　ス　タ　ヌン ゴッ	갈아타는 곳 カ　ラ　タ　ヌン ゴッ	자리 チャ リ

036

CHAPTER 3
買い物

꼭 잘 될거야!

꼭 잘될거야！…「きっとうまくいくよ！」という意味を持つ言葉。親しい間柄の相手や自身に対して用いられ、前向きな気持ちを持つきっかけを与えることができるフレーズ。

買い物で使える単語

♪ TRACK 009

韓国コスメ

- [ ] コスメ（化粧品）

    화장품
    ファヂャンプム

    例文　韓国コスメは世界的に人気だよ。
    한국의 화장품은 인기야．
    ハングゲ　ファヂャンプムン　インキヤ

    ◉ 韓国語でコスメは화장품（化粧品）と言います。

- [ ] プチプラ

    저가제품
    チョッカヂェプム

    例文　プチプラなのにハイスペック。
    저가제품인데 질이 좋아．
    チョッカヂェプミンデ　ヂリ　チョア

    ◉ 저가제품は漢字で「低価製品」＝プチプラ、질이 좋아は直訳で「質が良い」＝ハイスペック。

- [ ] 化粧水

    스킨 / 토너
    スキン　トノ

    例文　化粧水で整えてください。
    토너로 정돈해 주세요．
    トノロ　ヂョンドネ　ヂュセヨ

    ◉ 乳液は로션（ロション）/ 에멀전（エモルヂョン）と言います。

- [ ] 美容液

    앰플 /
    エムプル
    에센스 / 세럼
    エセンス　セロム

    例文　美容液は肌に効果的だ。
    앰플은 피부에 효과적이다．
    エムプルン　ピブエ　ヒョックヮヂョギダ

- [ ] パック

    마스크팩
    マスクペク

    例文　パックは種類が多い。
    마스크팩은 종류가 많다．
    マスクペグン　ヂョンニュガ　マンタ

- [ ] サンクリーム

선크림
ッソン クリム

> **例文** 外出するときはサンクリームを塗ってください。
>
> 이 외출할 때 선크림을 바르세요.
> ウェチェラル ッテ ッソン クリムル パルセヨ

- [ ] ファンデーション

파운데이션
パウンデイション

> **例文** このファンデーションは良いね。
>
> 이 파운데이션은 좋네.
> イ パウンデイションヌン チョンネ

🟣 クッションファンデは쿠션팩트（クションペクトゥ）と言います。

- [ ] 口紅

립스틱
リプスティク

> **例文** 口紅を塗ってみてください。
>
> 립스틱을 발라 보세요.
> リプ スティグル パルラ ボセヨ

- [ ] チーク

볼터치
ポルトチ

> **例文** チークはピンク色がかわいいです。
>
> 볼터치는 핑크색이 예뻐요.
> ポルトチヌン ピンクセギ イェッポヨ

- [ ] 香水

향수
ヒャンス

> **例文** 香水を少しつけました。
>
> 향수를 좀 뿌렸어요.
> ヒャンスルル チョム ップリョッソヨ

🟣 香りのない「無香」は무향（ムヒャン）と言います。

- [ ] テスター

테스터
テストゥ

> **例文** この香水のテスターはありますか。
>
> 이 향수 테스터는 있어요?
> イ ヒャンス テストヌン イッソヨ

🟣 香水のテスターとは、ワンプッシュで香りを試せるものです。

3 買い物

TRACK 010
日用品

☐ メガネ

안경
アンギョン

例文 メガネをかけています。

안경을 쓰고 있어요.
アンギョヌル ッスゴ イッソヨ

☐ 時計

시계
シゲ

例文 毎日時計をつけています。

매일 시계를 차고 있어요.
メイル シゲルル チャゴ イッソヨ

💠 腕時計は손목시계（ソンモッシゲ）。손목（ソンモッ）とは手首のこと。

☐ かばん

가방
カバン

例文 ブランドのかばんを買いたいです。

명품 가방을 사고 싶어요.
ミョンプム カバヌル サゴ シポヨ

💠 ブランド명품（ミョンプム）は漢字で「名品」です。

☐ 帽子

모자
モヂャ

例文 お土産で帽子をもらいました。

선물로 모자를 받았어요.
ソンムルロ モヂャルル パダッソヨ

☐ 靴

신발
シンバル

例文 かわいい靴を見つけました。

예쁜 신발을 찾았어요.
イェップン シンバルル チャヂャッソヨ

- ティッシュペーパー

티슈
ティシュ

> **例文** ティッシュペーパーがありません。
>
> 티슈가 없어요.
> ティシュガ オプソヨ

🟣 一般的な紙やトイレットペーパーは휴지（ヒュヂ）といいます。

- タオル

수건
スゴン

> **例文** タオルで拭きました。
>
> 수건으로 닦았어요.
> スゴヌロ タッカッソヨ

🟣 손수건（ソンスゴン）はハンカチ、손（ソン）は「手」です。

- 石けん

비누
ピヌ

> **例文** 手を石けんで洗いました。
>
> 손을 비누로 씻었어요.
> ソヌル ピヌロ ッシソッソヨ

- シャンプー

샴푸
シャムプ

> **例文** リンスがなくなって、シャンプーだけした。
>
> 린스가 떨어져 샴푸만 했다.
> リンスガ ットロヂョ シャムプマン ヘッタ

🟣 リンスは린스（リンス）です。

- 歯ブラシ

칫솔
チッソル

> **例文** 歯ブラシで歯を磨きます。
>
> 칫솔로 이를 닦아요.
> チッソルロ イルル タッカヨ

🟣 歯磨き粉は치약（チヤク）と言います。漢字で「歯薬」です。

- バッテリー

배터리
ペトリ

> **例文** バッテリーが切れたらどうしよう？
>
> 배터리가 떨어지면 어떡하지？
> ペトリガ ットロヂミョン オットカヂ

041

買い物で使える単語

🎵 TRACK 011
洋服など

- [ ] 服

옷
オッ

> **例文** 服を着ます。
>
> 옷을 입어요.
> オスル イボヨ

● 下着は속옷（ソゴッ）と言います。

- [ ] スカート

치마
チ　マ

> **例文** かわいいスカートをはいています。
>
> 예쁜 치마를 입고 있어요.
> イェップン チ マルル イプ コ　イッソヨ

● スカートもズボンも「はく」と言いますが、韓国語では「着る입다（イプタ）」を用います。

- [ ] ズボン

바지
パ　ヂ

> **例文** ズボンを脱ぎます。
>
> 바지를 벗어요.
> パヂルル ポソヨ

● 脱ぐは벗다（ポッタ）です。

- [ ] ジーパン

청바지
チョン パ ヂ

> **例文** ジーパンがよく似合いますね。
>
> 청 바지가 잘 어울리네요.
> チョン パ ヂ ガ チャル オウルリネヨ

- [ ] ワンピース

원피스
ウォン ピ ス

> **例文** このワンピースが一番売れてるよ。
>
> 이 원피스가 가장 잘 나가.
> イ ウォン ピ ス ガ カヂャン チャル ラ ガ

042

□ イヤリング

귀걸이
クィゴリ

> 例文　花柄のイヤリングをしているよ。
>
> 꽃무늬 귀걸이를 하고 있어.
> ッコンム ニ クィゴ リルル ハ ゴ イッソ

□ ネックレス

목걸이
モクコリ

> 例文　プレゼントでちょっとネックレスを買ってちょうだい。
>
> 선물로 목걸이를 좀 사 줘.
> ソンムルロ モクコ リルル チョム サ ヂョ

□ 指輪

반지
パンヂ

> 例文　薬指に指輪をはめました。
>
> 약지에 반지를 끼었어요.
> ヤクチ エ パンヂルル ッキオッソ ヨ

🍇「指輪をはめる」は반지를 끼다（パンヂルルッキダ）と言います。

□ マフラー

머플러
モプルロ

> 例文　赤いマフラーをください。
>
> 빨간색 머플러를 주세요.
> ッパルガンセク モプル ロルル ヂュセヨ

🍇 목도리（モクトリ）を用いることもあります。

□ イヤーマフ

귀마개
クィマゲ

> 例文　冬にはイヤーマフが必要だよ。
>
> 겨울에는 귀마개가 필요해.
> キョウ レ ヌン クィマ ゲ ガ ピリョヘ

□ 手袋

장갑
チャンガプ

> 例文　手袋がないと寒いです。
>
> 장갑이 없으면 추워요.
> チャンガ ビ オッ スミョン チュウォ ヨ

3 買い物

買い物で使える単語

TRACK 012
サイズ・色など

- ☐ 大きい

크다
ク　ダ

例文 サイズが大きいです。

사이즈가 커요.
サイヂュガ　コヨ

- ☐ 小さい

작다
チャクタ

例文 私には小さいです。

저한테는 작아요.
チョハンテヌン　チャガヨ

- ☐ ぴったりだ

딱 맞다
ッタク　マッタ

例文 この服はサイズがぴったりだよ。

이 옷은 사이즈가 딱 맞아.
イ　オスン　サイヂュガ　ッタク　マヂャ

- ☐ 厚着をする

두껍게
トゥッコプケ
입다
イプタ

例文 寒い日は厚着をします。

추운 날은 두껍게 입어요.
チュウン　ナルン　ドゥッコプケ　イボヨ

🟣 厚いは두껍다（トゥッコプタ）です。

- ☐ 薄着をする

얇게
ヤルケ
입다
イプタ

例文 夏でも薄着をしすぎないで。

여름에도 너무 얇게 입지 마.
ヨルメド　ノム　ヤルケイプチ　マ

🟣 薄いは얇다（ヤルタ）です。

044

韓国でも日本でも、メンバーカラーが決まっているアイドルグループが多いですね。衣装やグッズなどにも色が反映され、ひと目で誰のファンか分かります。「**色**」は**색깔**（セクカル）と言い、赤であれば「赤色」のように韓国語では「○○**色**」○○**색**（セク）と言います。

好きな色を尋ねるときは、「何色が好きですか。」무슨 색을 좋아해요？(ムスン セグル チョアヘヨ) と言い、答える時は「〜色が好きです。」〜색을 좋아해요．(〜セグル チョアヘヨ) と言います。例えば、赤が好きならば、빨간색을 좋아해요．(ッパルガンセグル チョアヘヨ) と言います。

買い物で使えるフレーズ

TRACK 013
店などで
ものを探すとき

- ○○はありますか。

○○ 있어요 ?
イッソ ヨ

- はい、あります。

네 , 있어요 .
ネ　　イッソ ヨ

- いいえ、ありません。

아뇨 , 없어요 .
アニョ　オプソ ヨ

- 品切れです。

품절이에요 .
プムヂョリ エ ヨ

- では、他のものはありますか。

그럼 , 다른 것은 있어요 ?
クロム　　タルン　ゴスン　イッソ ヨ

□ はい。こちらに来てください。

네. 이쪽으로 오세요.
ネ　イッチョグ　ロ　オセヨ

□ サンプルをたくさんください。

샘플 많이 주세요.
セムプル　マニ　ヂュセヨ

□ 見ているだけです。

그냥 볼게요.
クニャン　ボルッケヨ

□ 持っています。

갖고 있어요.
カッコ　イッソヨ

□ わぁ、ほんとうに安いですね。

와, 진짜 싸네요.
ワ　チンッチャ　ッサネヨ

□ (値段が) ちょっと高いですね。

좀 비싸네요.
チョム　ピッサネヨ

🎵 TRACK 014

店などで支払うとき

- [ ] カード／現金で支払いできますか。

카드로 / 현금으로 돼요 ?
カドゥロ　ヒョングムロ　ドゥェヨ

- [ ] QRコード決済はできますか。

QR 코드로 결제 돼요 ?
キュアル　コドゥロ　キョルッチェ　ドゥェヨ

- [ ] 免税になりますよね。

면세 되지요 ?
ミョンセ　ドゥェヂヨ

- [ ] パスポートはあります。

여권 있어요 .
ヨックォン　イッソヨ

- [ ] レシートを見せてください。

영수증을 보여 주세요 .
ヨンスヂュンウル　ポヨ　ヂュセヨ

- ☐ レシートをください。

    영수증 주세요.
    ヨン ス ヂュン ヂュ セ ヨ

- ☐ レシートはいりません。

    영수증 됐어요.
    ヨン ス ヂュン ドゥェッソ ヨ

- ☐ 袋は必要ですか。

    봉투 필요하세요?
    ポントゥ ピ リョ ハ セ ヨ

- ☐ 必要ありません。

    필요 없어요.
    ピ リョ オプ ソ ヨ

- ☐ はい、ください。

    네, 주세요.
    ネ ヂュ セ ヨ

- ☐ はい、どうぞ。

    네, 여기 있어요.
    ネ ヨ ギ イッソ ヨ

買い物で使える

単語おきかえフレーズ

TRACK 015

シーンごとに使えるフレーズを紹介！
□の中にそれぞれの単語を入れて使ってみよう♪

ほしい商品の在庫があるかを尋ねたいとき

～色の □ ありますか。

～색의 □ 있어요?
セゲ　　　イッソヨ

「～」に p.45 で学んだ色の単語を入れれば、詳しい要望を伝えることもできます。

長ズボン	長袖シャツ	半ズボン
긴바지 キンバヂ	긴팔 셔츠 キンパル ショチュ	반바지 パンバヂ

半袖Tシャツ	ノースリーブの ワンピース	ジャージ
반팔 티셔츠 パンパル ティショチュ	민소매 원피스 ミンソメ ウォンピス	츄리닝 チュリニン

靴下	コート	新製品
양말 ヤンマル	코트 コトゥ	신제품 シンヂェプム

CHAPTER 4
食事

어떻게든 돼!
(オットケドゥンドゥエ)

어떻게든 돼！…「なんとかなるよ！」という意味を持つ言葉。親しい間柄の相手や自身が、不安や焦りを感じている場合に、自分のペースで大丈夫と励ますフレーズです。

食事で使える単語

🎵 TRACK 016
食事に行こう①

- ☐ 箸

    젓가락
    チョッカラク

    例文 お箸は必要でいらっしゃいますか。

    젓가락은 필요하세요？
    チョッカラグン ピリョハセヨ

- ☐ スプーン

    숟가락
    スッカラク

    例文 チゲはスプーンで食べます。

    찌개는 숟가락으로 먹어요．
    ッチゲヌン スッカラグロ モゴヨ

- ☐ フォーク

    포크
    ポク

    例文 フォークもありますか。

    포크도 있어요？
    ポクド イッソヨ

- ☐ ナイフ

    나이프
    ナイプ

    例文 ナイフを使うときは気をつけて。

    나이프를 쓸 때는 조심해요．
    ナイプルル ッスルッテヌン チョシメヨ

- ☐ 取り皿

    앞접시
    アプチョプシ

    例文 取り皿はもっと必要ですか。

    앞접시는 더 필요해요？
    アプチョプシヌン ト ピリョヘヨ

□ エプロン	**앞치마** アプチマ	例文 かわいいエプロンを買いました。 예쁜 앞치마를 샀어요． イェップン アプチマルル サッソヨ

□ 塩	**소금** ソグム	例文 このパン屋は塩パンが有名だ。 이 빵집은 소금빵이 유명해． イ ッパンチブン ソグムッパンイ ユミョンヘ

🌸 韓国でも塩パン専門店があるほど塩パンが人気です。

□ コショウ	**후추** フチュ	例文 コショウをかけるともっとおいしいです。 후추를 뿌리 면 더 맛있어요． フチュルル ップリミョン ト マシッソヨ

□ おかず	**반찬** パンチャン	例文 おかずをもう少しください。 반찬을 좀 더 주세요． パンチャヌル チョムド ヂュセヨ

🌸 韓国ではおかずが無料で出ることがあります。

□ 魚	**생선** センソン	例文 焼き魚を食べたいです。 생선구이를 먹고 싶어요． センソンクイルル モクコ シポヨ

🌸 焼き魚を韓国語では생선（魚）＋구이（焼き）생선구이と言います。

□ 肉	**고기** コギ	例文 私は豚肉が一番好きです。 나는 돼지고기가 제일 좋아요． ナヌン トゥェヂ ゴギガ チェイル チョアヨ

🌸 肉の種類は豚肉 돼지고기、牛肉 소고기、鶏肉 닭고기、鴨肉 오리고기 など。

4 食事

053

食事で使える単語

TRACK 017
食事に行こう②

☐ 冷麺

냉면
ネンミョン

例文 こちらに水冷麺ひとつください。

여기 물냉면 하나 주세요.
ヨギ ムルレンミョン ハナ ヂュセヨ

🌸 冷たいスープに入った물냉면（水冷麺）の他に、麺の上に赤いタレがかかった비빔냉면（ビビムネンミョン）「ビビン冷麺」も人気です。

☐ サムギョプサル

삼겹살
サム ギョプ サル

例文 サムギョプサルはサンチュに包んで食べて。

삼겹살은 상추에 싸서 먹어.
サムギョプ サルン サンチュエ ッサソ モゴ

🌸 豚の三枚肉を専用の鍋で焼く、人気の韓国料理のひとつです。

☐ チャプチェ

잡채
チャプ チェ

例文 チャプチェを作ってみましょうか。

잡채를 만들어 볼까요?
チャプ チェルル マンドゥロ ポルッカヨ

☐ チヂミ

전
チョン

例文 雨が降っているからチヂミをどうですか。

비가 오니까 전 어때요?
ピガ オニッカ チョン オッテヨ

🌸 지짐이（チヂミ）は慶尚道などの方言です。標準語では전（チョン）または、부침개（プチムゲ）とも言います。

☐ マッコリ

막걸리
マク コル リ

例文 マッコリは肌に良いです。

막걸리는 피부에 좋아요.
マクコルリヌン ピブエ チョアヨ

🌸 韓国では雨の日に、マッコリと一緒にチヂミを食べる習慣があります。

□ 辛い

맵다
メプ タ

> 例文　タコ炒めはとても辛いです。
>
> 낙지볶음은 너무 매워요.
> ナクチ ポックムン ノム メウォヨ

🌸 낙지볶음とは、唐辛子とタコを炒めた料理です。

□ 甘い

달다
タル ダ

> 例文　韓国のスイーツは甘くてかわいいよ。
>
> 한국 디저트는 달고 예뻐.
> ハングク ディヂョトゥヌン タル ゴ イェッポ

🌸 スイーツもデザートも「デザート」디저트（ディヂョトゥ）と言います。

□ 塩辛い

짜다
ッチャ ダ

> 例文　このチゲはとても塩辛いです。
>
> 이 찌개는 너무 짜요.
> イ ッチゲヌン ノム ッチャヨ

□ 酸っぱい

시다
シ ダ

> 例文　熟成キムチがとても酸っぱいです。
>
> 익은 김치가 너무 셔요.
> イグン キムチガ ノム ショヨ

□ 苦い

쓰다
ッス ダ

> 例文　「良薬は口に苦し」と言いますよね。
>
> 좋은 약은 입에 쓰다고 하죠.
> チョウン ヤグン イペ ッスダゴ ハヂョ

🌸 ことわざ「良薬は口に苦し」は韓国語で좋은 약은 입에 쓰다と言います。

□ 熱い

뜨겁다
ットゥゴプ タ

> 例文　石焼ビビンバがとても熱いよ。
>
> 돌솥비빔밥이 너무 뜨거워.
> トルソッ ビビムパ ピ ノム ットゥゴ ウォ

🌸 韓国語では石焼ではなく石窯の돌솥（トルソッ）を用います。

食事で使えるフレーズ

TRACK 018
レストランなどで 予約をする

- ○月○日は予約できますか。

  ○월 ○일은 예약 가능해요 ?
  ウォル　　イルン　イェヤク　カヌンエ　ヨ

- はい。できます。

  네 . 가능합니다 .
  ネ　　カヌンアムニダ

- 何時に予約をいたしましょうか。

  몇 시에 예약을 해 드릴까요 ?
  ミョッ　シ　エ　イェヤグル　ヘ　ドゥリルッカ　ヨ

- 6時にお願いします。

  여섯 시에 부탁해요 .
  ヨソッ　シ　エ　プタケヨ

- 6時は予約でいっぱいです。

  여섯 시는 예약이 다 찼습니다 .
  ヨソッ　シヌン　イェヤギ　タ　チャッスムニダ

056

- □ 何時なら (何日なら) 予約できますか。

몇 시라면 (며칠이라면) 가능해요 ?
ミョッ シ ラミョン　ミョチリラミョン　　カヌンエヨ

- □ 7 時はいかがでしょうか。

일곱 시는 어떠세요 ?
イルゴプ　シヌン　オットセヨ

- □ そうしましょう。

그렇게 하죠 .
クロケ　ハヂョ

- □ お名前を教えていただけますか。

성함이 어떻게 되십니까 ?
ソンハミ　オットケ　ドゥェシム ニッカ

- □ ○○と申します。

○○ (이) 라고 합니다 .
イ　ラゴ ハムニダ

- □ ご連絡先を教えていただけますか。

연락처를 알려주시겠어요 ?
ヨルラッチョルル　アルリョジュシ ゲッソヨ

4 食事

057

TRACK 019
レストランなどで入店のときに

- もしかして入店待ちの列ですか。

혹시 웨이팅 줄인가요？
ホクシ ウェイティン ヂュリンガヨ

- 予約なさいましたか。

예약하셨습니까？
イェヤ カショッスムニッカ

- 予約しました。名前は○○です。

예약했어요. 이름은 ○○이에요(예요).
イェヤ ケッソヨ イルムン イエヨ イェヨ

- 予約していません。席はありますか。

예약 안 했어요. 자리 있어요？
イェヤク ア ネッソヨ チャリ イッソヨ

- 申し訳ありません。ただいま満席です。

죄송합니다. 지금 만석입니다.
チェソンハムニダ チグム マンソギムニダ

- [ ] わかりました。

  알겠습니다 .
  アル ゲッ スム ニ ダ

- [ ] もう一度、おっしゃってください。

  다시 한번 말씀해 주세요 .
  タ シ ハンボン マルッス メ ヂュ セ ヨ

- [ ] ゆっくり言ってください。

  천천히 말해 주세요 .
  チョンチョ ニ マ レ ヂュ セ ヨ

- [ ] 少しお待ちいただけますか。

  잠시만 기다려 주시겠습니까 ?
  チャム シ マン キ ダリョ ヂュ シ ゲッスム ニッカ

- [ ] ご案内いたします。こちらへどうぞ。

  안내해 드리겠습니다 . 이쪽으로 오세요 .
  アンネ ヘ ドゥリゲッスム ニ ダ イッチョグ ロ オ セ ヨ

- [ ] お好きな席にどうぞ。

  편한 자리로 앉으세요 .
  ピョナン ヂャリ ロ アンヂュセ ヨ

食事で使えるフレーズ

♪ TRACK 020

レストランなどで注文をする

- いらっしゃいませ。

어서 오세요.
オソ オセヨ

- 何名様ですか。

몇 분이세요?
ミョップ プニセヨ

- 1名です。　2名です。　3名です。

한 명이에요. / 두 명이에요. / 세 명이에요.
ハン ミョンイエヨ　　トゥ ミョンイエヨ　　セ ミョンイエヨ

- 何になさいますか。

뭐 드릴까요?
ムォ ドゥリルッカヨ

- プルコギ2人分ください。

불고기 이 인분 주세요.
プルゴギ イ インブン チュセヨ

- ☐ (店員を呼んで)（近く／遠くの人に対して）すみません。

  여기요. / 저기요.
  ヨ ギ ヨ　　チョ ギ ヨ

- ☐ 日本語のメニューはありますか。

  일본어 메뉴판 있어요?
  イル ボ ノ　メ ニュ パン　イッ ソ ヨ

- ☐ 注文します。

  주문할게요.
  チュ ム ナル ケ ヨ

- ☐ おいしいです。

  맛있어요.
  マ シッ ソ ヨ

- ☐ わあ！ おいしそう。

  와! 맛있겠어요.
  ワ　マ シッ ケッ ソ ヨ

- ☐ おいしかったです。

  맛있었어요.
  マ シッ ソッ ソ ヨ

061

🎵 TRACK 021

レストランなどで
会計などをする

☐ お会計をしてください。

계산해 주세요.
ケ サ ネ　ヂュ セ ヨ

☐ いくらですか。

얼마예요?
オル マ イェ ヨ

☐ クレジットカードは使えますか。

신용카드로 돼요?
シ ニョン カ ドゥ ロ　ドゥェ ヨ

☐ はい、使えます。

네, 돼요.
ネ　ドゥェ ヨ

☐ テイクアウトはできますか。

포장돼요?
ポ ヂャンドゥェ ヨ

062

□ だめです。

안 돼요.
アン ドゥェ ヨ

□ 配達できますか。

배달 돼요?
ペダル ドゥェ ヨ

□ もしもし。注文したいんですが。

여보세요. 주문하고 싶은데요.
ヨ ポ セ ヨ チュムナゴ シプンデヨ

□ はい、住所はどちらですか。

네, 주소는 어떻게 되세요?
ネ ヂュソヌン オットケ ドゥェセヨ

□ 時間はどのくらいかかるでしょうか。

시간이 얼마나 걸릴까요?
シガニ オルマナ コルリルッカヨ

□ 30分くらいかかると思いますけれども。

삼십 분쯤 걸릴 것 같은데요.
サムシプ プンチュム コルリル ッコッ カトゥンデヨ

COLUMN
未来（推量）・現在・過去の作り方

未来（推量） （これから）〜（し）ます。　〜しそうです。

語幹に直接겠어요を続けます。

例 맛있다（おいしい）の語幹「맛있」＋ 겠어요
　　＝ 맛있겠어요（おいしそうです）

問題

(1)〜(3)を韓国語にしましょう。

	語幹	해요体
먹다 食べる	먹	(1) （これから）食べます。
맑다 晴れる	맑	(2) 晴れそうです。
비가 오다 雨が降る	비가 오	(3) 雨が降りそうです。

答え (1)먹겠어요．　(2)맑겠어요．　(3)비가 오겠어요．

現在 〜（し）ます。　〜です。

語幹末の母音が아、야、오の場合아요、아、야、오以外の場合어요を続けます。
하다（する）の場合は해요にします。

例 맛있다（おいしい）の語幹「맛있」＋ 어요
　　＝ 맛있어요（おいしいです）

問題

（1）〜（3）を韓国語にしましょう。

	語幹	해요体
좋다 良い	좋	（1） 良いです。
하다 する	하	（2） します。
있다 ある・いる	있	（3） あります・います。

答え　（1）좋아요．（2）해요．（3）있어요．

過去　〜（し）ました。　〜でした。

語幹末の母音が아、야、오の場合았어요、아、야、오以外の場合었어요を続けます。
공부하다（勉強する）のような하다の場合は했어요にします。

例　맛있다（おいしい）の語幹「맛있」+ 었어요
　　= 맛있었어요（おいしかったです）

問題

（1）〜（3）を韓国語にしましょう。

	語幹	해요体
공부하다 勉強する	공부하	（1） 勉強しました。
싫다 嫌だ	싫	（2） 嫌でした。
놀다 遊ぶ	놀	（3） 遊びました。

答え
（1）공부했어요．（2）싫었어요．（3）놀았어요．

TRACK 022
レストランなどで
要求などを伝える

□ これは辛いですか。

이것은 매워요 ?
イ ゴ スン メ ウォ ヨ

□ 辛さを控えめにしてください。

덜 맵게 해 주세요.
トル メプ ケ ヘ ヂュ セ ヨ

□ もっと辛くしてください。

더 맵게 해 주세요.
ト メプ ケ ヘ ヂュ セ ヨ

□ 水をください。

물 좀 주세요.
ム ヂョム ヂュ セ ヨ

□ おしぼりをください。

물티슈 좀 주세요.
ムル ティ シュ ヂョム ヂュ セ ヨ

066

- [ ] おかわりできますか。

리필 돼요?
リ ピル ドゥェ ヨ

- [ ] もう少しください。

좀 더 주세요.
チョム ド チュセ ヨ

- [ ] 焼き網を替えてください。

불판 좀 갈아 주세요.
プルパン チョム カ ラ チュセ ヨ

- [ ] たくさん召し上がれ。

많이 드세요.
マ ニ ドゥセ ヨ

- [ ] たくさん食べました。

많이 먹었어요.
マ ニ モ ゴッソ ヨ

- [ ] おなかいっぱいです。

배불러요.
ペ ブル ロ ヨ

食事で使える 単語おきかえフレーズ
TRACK 023

シーンごとに使えるフレーズを紹介！
□の中にそれぞれの単語を入れて使ってみよう♪

ほしい食べ物や飲み物を伝えるとき

□ をください。

□ 주세요 .
　　ヂュ　セ　ヨ

トッポッキ
떡볶이
ットク ポッ キ

のり巻き
김밥
キムパプ

ビビンバ
비빔밥
ピ ビムパプ

ヤンニョムチキン
양념 치킨
ヤンニョム チ キン

サイダー
사이다
サ イ ダ

ゆず茶
유자차
ユ ヂャチャ

餃子

만두
マンドゥ

カルビ

갈비
カル ビ

キムチ
김치
キム チ

넌 할 수 있어！…「君はできる！」という意味を持つ言葉。自信を失いかけている親しい友人に呼びかける言葉です。力強く鼓舞する励ましのフレーズです。

カフェで使える単語

TRACK 024
カフェに行こう①

- 一般的な ブラックコーヒー

아메리카노
アメリカノ

例文 アメリカーノひとつください。
아메리카노 하나 주세요．
アメリカノ ハナ ヂュセヨ

🔸 韓国でコーヒーといえば아메리카노。エスプレッソをお湯で割ったもの。

- 濃くする

진하게 하다
チナゲ ハダ

例文 少し濃くしてください。
조금 진하게 해 주세요．
チョグム チナゲ ヘ ヂュセヨ

- 薄くする

연하게 하다
ヨナゲ ハダ

例文 少し薄くしてください。
조금 연하게 해 주세요．
チョグム ヨナゲ ヘ ヂュセヨ

🔸 アメリカーノなら湯や水の量で濃度が変えられます。

- アイスコーヒー

아아 (아이스
アア アイス
아메리카노)
アメリカノ

例文 冬でもアイスアメリカーノを飲んでいます。
겨울에도 아아 마셔요．
キョウレド アア マショヨ

🔸 韓国では寒い日でも「아아」を飲む人が多いです。

- ストロー

빨대
ッパルッテ

例文 ストローはありますか。
빨대 있어요 ?
ッパルッテ イッソヨ

🔸 「ストロー」は韓国では通じません。

- ☐ 砂糖

설탕
ソルタン

例文 砂糖はどこにありますか。

설탕 어디에 있어요？
ソルタン オディエ イッソヨ

- ☐ ミルク（牛乳）

우유
ウユ

例文 もう少しミルクを入れてください。

우유 좀 더 넣어 주세요．
ウユ チョム ド ノオ ヂュセヨ

🍓 좀 더（もう少し）のような副詞は動詞の直前に置きます。

- ☐ アイス

아이스 /
アイス
차가운 거
チャ ガ ウン ゴ

例文 アイスカフェモカにします。

아이스 카페모카로 할게요．
アイス カペモカロ ハルケヨ

- ☐ ホット

핫 /
ハッ
뜨거운 거
ットゥ ゴ ウン ゴ

例文 ホットチョコラテにします。

핫초코라떼로 할게요．
ハッチョコ ラッテロ ハルケヨ

- ☐ マグカップ

머그컵 /
モ グ コプ
머그잔
モ グ ヂャン

例文 マグカップで差し上げましょうか。

머그컵으로 드릴까요？
モグコプロ ドゥリルッカヨ

🍓 韓国では店内で飲食する場合、原則としてマグカップで提供しています。

- ☐ 紙コップ

종이컵
チョン イ コプ

例文 紙コップでください。

종이컵으로 주세요．
チョンイコプロ ヂュセヨ

🍓 テイクアウトの場合はこう言いましょう。

5 カフェ

071

カフェで使える単語

TRACK 025

カフェに行こう②

- [ ] かき氷

빙수
ピンス

例文　あずき氷が一番好き！

팥빙수가 제일 좋아！
パッピンス ガ チェイル チョア

🍡 빙수에는 색색한 종류가 있습니다만, 小豆（팥 ハッ）がのった팥빙수が王道。

- [ ] ケーキ

케이크
ケイク

例文　ケーキを食べたいです。

케이크를 먹고 싶어요．
ケイクルル モッコ シポヨ

🍡 パン屋にもケーキが売っています。

- [ ] クロッフル

크로플
クロプル

例文　このクロッフルを温めてください。

이 크로플을 데워 주세요．
イ クロプルル テウォ ヂュセヨ

🍡 クロワッサンをワッフルメーカーでこんがり焼いたスイーツのこと。

- [ ] ベーグル

베이글
ペイグル

例文　ベーグルにはまっています。

베이글에 빠져 있어요．
ペイグレ ッパヂョ イッソヨ

- [ ] 薬菓
（ヤックァ）

약과
ヤックァ

例文　薬菓は伝統的なお菓子だ。

약과는 전통적인 과자야．
ヤックァヌン チョントンヂョギン クァヂャヤ

🍡 薬菓をアレンジしたスイーツが流行しています。

072

☐ トゥンカロン　**뚱카롱**
ットゥン　カ　ロン

例文　トゥンカロンを見ると、幸せな気持ちになります。
뚱카롱을 보면 행복해져요.
ットゥン　カ　ロン　ウル　ボ　ミョン　ヘン　ボ　ケ　ヂョ　ヨ

● サイズが大きくクリームなどをサンドした進化系マカロン。

COLUMN　韓国のカフェ事情

「カフェ」のことを韓国語では카페と表記し、日本語とは少し異なり「カペ」と発音します。

韓国のカフェにはチェーン店から、本格ドリップコーヒーを出すこだわりカフェ、インスタ映えする店、スイーツやパンが自慢の店、伝統的な韓屋スタイルまで、さまざまなタイプの店があります。韓国、特にソウルは世界的にもカフェが多い都市だといわれています。カフェで流行しているものが社会現象の1つになることがあります。

例えば、「얼죽아（オルチュガ）」という言葉があります。これは「얼어 죽어도 아이스（オロ チュゴド アイス）」の頭文字を取ったもので、「死ぬほど寒くてもアイスアメリカーノなどの冷たい飲料を飲む」を意味します。

韓国の冬は零下が当たり前の凍てつく寒さです。それなのに、冬でもホット飲料の売上量を上回るほどの「얼죽아」現象がみられるのです。
韓国へ行かれたら、カフェ巡りもおすすめですよ。

ただ、注文・オーダーのときには大きな壁を感じてしまうこともしばしば。日本とは似ているようで異なるものです。例えば「ブレンドコーヒー」と言っても通じません。もちろんタッチパネル式のセルフオーダーで注文番号を確認して、商品を受け取りに行けばよいカフェも登場していますが、スタッフに注文するカフェも、まだたくさんあります。少しでも相手の言っていることが理解できると良いですよね。

次のページからは「カフェで使えるフレーズ」を学びましょう。

カフェなどで注文をする

TRACK 026

- □ 注文をお伺いしましょうか。(注文助けて差し上げましょうか)

  주문 도와 드릴까요 ?
  チュムン　トワ　ドゥリルッカ　ヨ

- □ アメリカーノ（ブレンド）ください。

  아메리카노 주세요 .
  アメリカノ　ヂュセヨ

- □ （飲み物の）サイズはいかがなさいますか。

  사이즈는 어떻게 드릴까요 ?
  サイヂュヌン　オットケ　ドゥリルッカヨ

- □ 小さいものください。

  작은 거로 주세요 .
  チャグン　ゴロ　ヂュセヨ

- □ 大きいものください。

  큰 거로 주세요 .
  クン　ゴロ　ヂュセヨ

074

- ☐ 店内でお召し上がりですか。お持ち帰りですか。

  드시고 가세요？ 가지고 가세요？
  トゥシゴ　カセヨ　　カヂゴ　カセヨ

- ☐ 食べて（飲んで）いきます。

  먹고 갈게요.
  モクコ　カルッケヨ

- ☐ 持ち帰ります。

  가지고 갈게요.
  カヂゴ　カルッケヨ

- ☐ ベルが鳴ったら取りに来てください。

  진동벨이 울리면 찾으러 오세요.
  チンドンベリ　ウルリミョン　チャヂュロ　オセヨ

- ☐ トイレの暗証番号は何ですか。

  화장실 비밀번호는 어떻게 돼요？
  ファヂャンシル　ピミルボノヌン　オットケ　ドゥェヨ

- ☐ これはインスタ映えするね。

  이거 인스타 각이네요.
  イゴ　インスタ　カギネヨ

5 カフェ

075

TRACK 027
カフェなどで
要求などを伝える

- □ 温かいものをください。

  따뜻한 거 주세요.
  ッタットゥタン　ゴ　ヂュセヨ

- □ 冷たいものください。

  차가운 거 주세요.
  チャガウン　ゴ　ヂュセヨ

- □ (テイクアウト用の)ホルダーに入れてください。

  캐리어에 담아 주세요.
  ケリオエ　タマ　ヂュセヨ

- □ これを温めてください。

  이거 데워 주세요.
  イゴ　チウォ　ヂュセヨ

- □ これをカットしてください。

  이거 썰어 주세요.
  イゴ　ッソロ　ヂュセヨ

076

☐ 氷を抜いてください。

얼음을 빼 주세요.
オ ルムル ッペ ヂュセ ヨ

☐ 氷を入れてください。

얼음을 넣어 주세요.
オ ルムル ノ オ ヂュセ ヨ

☐ ホイップクリームをのせてください。

휘핑크림을 올려 주세요.
フィピンク リムル オルリョ ヂュセ ヨ

☐ ポイントを貯めています。

포인트 적립하고 있어요.
ポイントゥ チョンニ パ ゴ イッソ ヨ

☐ ここで充電できますか。

여기서 충전할 수 있어요?
ヨ ギ ソ チュンヂョナル ス イッソ ヨ

☐ Wi-Fiのパスワードは何ですか。

와이파이 비밀번호 뭐예요?
ワイパイ ピミルボノ モイェヨ

5 カフェ

077

カフェで使える　♪ TRACK 028
単語おきかえフレーズ

シーンごとに使えるフレーズを紹介！
□の中にそれぞれの単語を入れて使ってみよう♪

注文したいとき

□ にします。

□ **(으) 로 할게요 .**
　ウ　　ロ　ハル　ッケ　ヨ

□に入る単語の語末にパッチムがないとき、パッチムㄹで終わるときは로 할게요を、
ㄹ以外のパッチムで終わるときは으로 할게요を使います。

カプチーノ	カフェラテ	カフェモカ
카푸치노 カ　プ　チ　ノ	**카페라떼** カ　ペ　ラッテ	**카페모카** カ　ペ　モ　カ

フラペチーノ 	紅茶	ホットチョコレート
프라푸치노 プ　ラ　プ　チ　ノ	**홍차** ホンチャ	**핫초코** ハッチョ　コ

スムージー	マフィン 	ワッフル
스무디 ス　ム　ディ	**머핀** モ　ピン	**와플** ワ　プル

CHAPTER 6
推し活

잘해!

잘해!…「がんばって!」という意味を持つ言葉。直訳では「上手くやって!」ですが、実際には、「応援しているよ。」という意味で用います。友人同士でよく使うフレーズです。

推し活で使える単語

🎵 TRACK 029
推し活をしよう①

- 推し活

   덕질
   トクチル

   例文　一緒に推し活しよう！

   같이 덕질하자！
   カチ　トクチラヂャ

- 推し活をする
   ようになる／
   ハマる

   입덕
   イプ トク

   例文　誰にハマったの？

   누구한테 입덕했어？
   ヌグハンテ イプ トケッソ

   ● ファンになるきっかけになるメンバーのことを입덕 요정（イプトクヨジョン）「ハマるきっかけの妖精」といいます。

- 推し活仲間

   덕메
   トン メ
   （덕질 메이트の略）
   トクチル メイトゥ

   例文　推し活仲間と会うよ。

   덕메를 만날 거야．
   トンメルル マンナル ッコヤ

- アイドル

   아이돌
   ア イ ドル

   例文　韓国のアイドルが好きです。

   한국 아이돌을 좋아해요．
   ハングク アイドルル チョア ヘヨ

   ● ドラマにバラエティーにとマルチで活躍するアイドルを、만능（マンヌン）「万能」＋아이돌で만능돌（マンヌンドル）といいます。

- ファン

   팬
   ペン

   例文　私は○○ファンです。

   저는 ○○팬이에요．
   チョヌン　　　ペニエヨ

   ● 英語の「fan」が由来ですが、韓国語では「f」を「ㅍ」とするルールがあるので、팬（ペン）と発音します。

- [ ] ファンの集団
（ファンダム）

팬덤
ペンドム

例文 私たちのファンダム、愛してます！
우리 팬덤 사랑해요！
ウリ ペンドム サランエヨ

🌸 ファンダムを総称する名前「ファンダム名」は、ファンクラブ名としても使われたり、K-POPグループが自分たちのファンの愛称として呼んだりしてます。

- [ ] ファンミーティング

팬미팅
ペン ミ ティン

例文 ファンミーティングに一緒に行きましょう！
팬미팅에 같이 가요！
ペンミティンエ カチ カヨ

🌸 팬미팅 の略は팬미（ペンミ）です。日本語では「ファンミ」にあたります。

- [ ] 本命

최애
チェ エ

例文 本命は誰ですか。
최애는 누구예요？
チェエヌン ヌグイェヨ？

🌸 漢字で「最愛」。好きな芸能人やキャラクターなど一番のお気に入り、大好きなものという意味です。

- [ ] 箱推し、
グループ全体推し

올팬
オルペン

例文 私、箱推しだよ。
나 올팬이야．
ナ オルペニヤ

🌸 英語 all fan をハングルで表記すると all 올と fan 팬です。

- [ ] ファンサービス

팬 서비스
ペン ソ ビ ス

例文 ファンサービスしてくれてありがとうございます。
팬 서비스 해 줘서 감사해요．
ペン ソビス ヘ チョソ カムサヘヨ

- [ ] サイン会

팬싸
ペンッサ
（팬 사인회の略）
ペン サイネ

例文 サイン会に当選しました。
팬싸에 당첨 됐어요．
ペンッサエ タンチョムドゥエッソヨ

6 推し活

推し活で使える単語

🎵 TRACK 030
推し活をしよう②

- [ ] コンサート

콘서트
コンソトゥ

> 例文　コンサートに一緒に行きましょう。
>
> 콘서트에 같이 가요.
> コンソトゥエ カチ カヨ

- [ ] デビュー

데뷔
デヴィ

> 例文　昨年、デビューをしました。
>
> 작년에 데뷔를 했습니다.
> チャンニョネ デヴィルル ヘッスムニダ

- [ ] アルバム

앨범
エルボム

> 例文　デビューアルバムをリリースします。
>
> 데뷔 앨범을 출시합니다.
> デヴィ エルボムル チュルシ ハムニダ

- [ ] シングル

싱글
シングル

> 例文　デビューシングルが大ヒットとなった。
>
> 데뷔 싱글이 대히트를 쳤다.
> デヴィ シングリ デヒトゥルル チョッタ

- [ ] 前売り（予約購入）

예매
イェメ
(예약 판매の略)
イェヤクパンメ

> 例文　コンサートのチケットを予約した？
>
> 콘서트 티켓을 예매했어?
> コンソトゥ ティケスル イェメ ヘッソ

🍓 コンサートなどのチケットを予約して買うという意味。

- [ ] カムバック（カムバ）

컴백
コムベク

> **例文** 1年ぶりにカムバックしました。
>
> 1년 만에 컴백했어요.
> イルリョン マネ コムベ ケッソヨ

🍑 K-POP界には、オン・オフシーズンがあり、オフシーズンが終わって活動再開をすることをカムバック（カムバ）と言います。

- [ ] ティーザー（tease）

티저
ティヂョ

> **例文** ティーザーがとても新鮮でした。
>
> 티저가 아주 신선했어요.
> ティヂョガ アヂュ シンソ ネッソヨ

🍑 曲やドラマなどのコンセプトを事前に30秒くらいで予告公開すること。

- [ ] 予約販売

예판
イェパン
(예약 판매の略)
イェヤクパンメ

> **例文** 予約販売のイベントがあります。
>
> 예판 이벤트가 있어요.
> イェパン イベントゥガ イッソヨ

🍑 アルバムやグッズを予約して買う場合に用います。

- [ ] 生配信

라방
ラバン
(라이브 방송の略)
ライブ パンソン

> **例文** 今晩、ラバンするよ。
>
> 오늘 밤에 라방 할 거야.
> オヌル パメ ラバン ハル ッコヤ

- [ ] インスタライブ

인라
イルラ
(인스타 라이브の略)
インスタ ライブ

> **例文** またインスタライブしてください。
>
> 또 인라 해 주세요.
> ット イルラ ヘ ヂュセヨ

- [ ] エンディング妖精

엔딩 요정
エンディン ヨヂョン

> **例文** 今日のエンディング妖精は誰だろう。
>
> 오늘 엔딩요정은 누구지？
> オヌル エンディン ヨヂョンウン ヌグヂ

🍑 歌番組で披露した曲の最後にカメラでクローズアップされるメンバーのこと。

推し活で使える単語

🎵 TRACK 031
推し活をしよう③

- [ ] ブイログ

브이로그
ブイログ

例文 ○○のブイログは人気だ。
○○의 브이로그는 인기 많아.
エ ブイログヌン インッキ マナ

🍦 ブイログ（VLOG）とは、自分の日常を撮影した動画のこと。

- [ ] ショート動画

쇼츠
ショチュ

例文 ショート動画をアップロードしました。
쇼츠를 업로드했어요.
ショチュルル オムノドゥヘッソヨ

- [ ] レーベル
（label）

레이블
レイブル

例文 レーベルは音楽を作る会社だよ。
레이블은 음악을 만드는 회사야.
レイブルン ウマグル マンドゥヌン フェサヤ

- [ ] 練習生

연습생
ヨンスプ セン

例文 練習生は、がんばっているよ。
연습생들은 열심히 해.
ヨンスプセンドゥルン ヨルシミ ヘ

🍦 芸能事務所に所属してからデビューまでの数年間、芸能事務所の練習生として寮生活をしながらトレーニングを積みます。

- [ ] ダンスプラクティス動画

안무 연습 영상
アンム ヨンスプ ヨンサン

例文 ダンスプラクティス動画を見よう！
안무 연습 영상을 보자!
アンム ヨンスプ ヨンサンウル ポヂャ

🍦 안무（振付）、연습（練習）、영상（映像）という単語でできた言葉。

☐ ライブ

라이브
ライブ

例文 この歌手のライブは感動的だ。

이 가수의 라이브는 감동적이야.
イ カスエ ライブヌン カムドンヂョギヤ

● 라이브とは生歌のことで、口パクは립싱크（リップシンク）と言います。

☐ 音源

음원
ウムォン

例文 音源チャートで1位になりました。

음원 차트에서 1위를 했어요.
ウムォン チャトゥエソ イルィルル ヘッソヨ

☐ ラップパート

랩 파트
レプ パトゥ

例文 ラップパートが一番かっこよかったです。

랩 파트가 가장 멋졌어요.
レプ パトゥガ カヂャン モッチョッソヨ

☐ ソロ

솔로
ソルロ

例文 ソロライブが大成功をした。

솔로 라이브가 대성공 했어.
ソルロ ライブガ デソンゴン ヘッソ

☐ ランキング

랭킹
レンキン

例文 新曲がランキング1位を獲得した。

신곡이 랭킹 1위를 차지했다.
シンゴギ レンキン イルィルル チャヂヘッタ

☐ 大物アーティスト

거물급
コ ムルックプ

例文 大物アーティストがコラボする。

거물급 아티스트가 협업한다.
コムルックプ アティストゥガ ヒョポパンダ

● 거물급とは漢字で巨物級と書き、大物クラスという意味で使われる。

085

推し活で使える単語

TRACK 032
応援グッズ

- 公式グッズ

공굿
コングッ
(공식 굿즈の略)
コンシククッチュ

例文　これは公式グッズですよね？

이것은 공굿 맞죠 ?
イ ゴスン コングッ マッチョ

● 公式グッズのことをMDと言うこともあります。英語で「売買取引している商品」を意味するmerchandiseの略。

- 非公式グッズ

비공굿
ピ ゴングッ
(비공식굿즈の略)
ピゴンシククッチュ

例文　非公式グッズではないでしょうか？

비공굿이 아닌가요 ?
ピゴングシ アニンガヨ

- ペンライト

응원봉
ウンウォンボン

例文　ペンライトは必須アイテムだ。

응원봉은 필수 아이템이다 .
ウンウォンボヌン ピルス アイテミダ

- ポスター

포스터
ポ ス ト

例文　サイン入りのポスターをもらった。

사인 포스터를 받았다 .
サイン ポストルル パダッタ

- スローガン

슬로건
スル ロ ゴン

例文　誕生日にスローガンを作った。

생일에 슬로건을 만들었어 .
センイレ スルロゴヌル マンドゥロッソ

● 推しの写真や名前が印刷された品物のこと。

☐ トレカ

포카
ポ カ
(포토 카드の略)
ポト カドゥ

例文 トレカを持っている方いらっしゃいますか。

포카 가지고 있는 분 계세요 ?
ポカ カヂゴ インヌン プン ケセヨ

🍓 アルバムなどに入っているトレカ＝トレーディングカードのこと。

☐ うちわ

부채
プ チェ

例文 うちわに推しの名前を書きました。

부채에 최애 이름을 썼어요 .
プ チェエ チェエ イ ルムル ッソッソ ヨ

☐ 限定

한정
ハンヂョン

例文 期間限定のセールです。

기간 한정 세일입니다 .
キガン ハンヂョン セイリムニダ

🍓 「期間限定」や「ファンクラブ限定」などの使い方もあります。

☐ ファンクラブ

팬클럽
ペンクルロプ

例文 ファンクラブイベントがある。

팬클럽 이벤트가 있다 .
ペンクルロプ イベントゥガ イッタ

☐ 無料配布

나눔
ナ ヌム

例文 トレカの無料配布をします！

포카 나눔을 합니다 !
ポカ ナヌムル ハムニダ

🍓 元々は「分かち合い」という意味。推し活の場面では、ファン同士でトレカや自作のグッズなどを配布することをさします。

☐ アクスタ

아크스타
ア クス タ
(아크릴 스탠드의 略)
アクリル ステンドゥ

例文 このアクスタがお気に入り。

이 아크스타가 마음에 들어 .
イ アクスタガ マウメ ドゥロ

6 推し活

087

推し活で使える単語

🎵 TRACK 033
SNS

☐ フォロー

팔로
パル ロ
(팔로우の略)
パル ロ ウ

> 例文　フォローしてね！
>
> 팔로 좀 해줘！
> パル ロ チョム ヘ ヂョ

☐ フォロワー

팔로워
パル ロ ウォ

> 例文　多くのフォロワーを持っている。
>
> 많은 팔로워를 가지고 있어．
> マヌン パル ロ ウォルル カヂゴ イッソ

☐ フォロー返し
　（フォロバする）

맞팔
マッ パル

> 例文　フォロバします！
>
> 맞팔할게요！
> マッ パ ラルッケヨ

☐ プロフィール

프로필
プ ロ ピル

> 例文　プロフィールに写真を追加しました。
>
> 프로필에 사진을 추가했어요．
> プ ロ ピ レ サヂヌル チュガ ヘッソヨ

☐ ブロック

차단
チャ ダン

> 例文　ブロックが解除されたらいいな。
>
> 차단이 해제됐으면 좋겠어．
> チャダニ ヘ ヂェウェッスミョン チョ ケッソ

088

- [ ] 友達申請

친구 신청
チング　シンチョン

例文　友達申請してもいいですか。

친구 신청해도 돼요？
チング　シンチョン　エ　ド　ドゥェ　ヨ

- [ ] 更新

갱신
ケンシン

例文　ホームページが更新されました。

홈페이지가 갱신되었어요．
ホム　ペ　イ　ヂ　ガ　ケンシンドゥェ　オッ　ソ　ヨ

- [ ] 編集

편집
ピョンヂプ

例文　ブイログの編集は大変だ。

브이로그 편집은 힘들어．
ブ　イ　ロ　グ　ピョン　ヂプン　ヒムドゥ　ロ

- [ ] マスター
（ホームページ
　マスター）

홈마
ホム　マ
(홈페이지 마스터の略)
ホムペイヂ　マスト

例文　マスター様が作ったカレンダーが売られている。

홈마님이 만든 달력이 팔려．
ホム　マ　ニ　ミ　マンドゥン　タルリョ　ギ　パルリョ

🌸 アイドルなどの写真・動画を撮ってSNSにアップするトップのファンをマスターと言います。

- [ ] ハッシュタグ

해시태그
ヘ　シ　テ　グ

例文　ハッシュタグを検索してみて。

해시태그를 검색해 봐．
ヘ　シ　テグルル　コムセケ　バ

- [ ] アカウント

계정
ケ　ヂョン

例文　アカウントを持っていますか。

계정을 가지고 있어요？
ケ　ヂョンウル　カ　ヂ　ゴ　イッ　ソ　ヨ

推し活で使える単語

🎵 TRACK 034
ドラマ・映画

- [ ] ドラマ

드라마
トゥラマ

例文 韓国ドラマが流行っています。

한국 드라마가 유행이에요.
ハングク トゥラマ ガ ユヘンイ エヨ

- [ ] 映画

영화
ヨンワ

例文 その映画は退屈するはずがないですよ。

그 영화는 지루할 일이 없죠.
ク ヨンワ ヌン チルハル リリ オプチョ

- [ ] 主人公

주인공
チュインゴン

例文 主人公に共感しました。

주인공한테 공감했어요.
チュインゴンハンテ コンガ メッソヨ

- [ ] ラブコメ
（ロマンティックコメディ）

로코
ロコ
(로맨틱 코미디の略)
ロ メンティク コ ミディ

例文 私はラブコメが特に好きです。

저는 로코를 특히 좋아해요.
チョヌン ロ コルル トゥキ チョア ヘヨ

- [ ] 時代劇

사극
サグク

例文 父は時代劇が好きです。

아버지는 사극을 좋아하세요.
アボヂヌン サググル チョア ハセヨ

🎵 韓国語は自分の両親に対しても尊敬語を用いるので、좋아해요（チョアヘヨ）ではなく尊敬の좋아하세요（チョアハセヨ）を用いましょう。

090

- [ ] アクション

액션
エクション

> 例文 アクション映画を見に行かない？
>
> 액션 영화 보러 갈래？
> エクション ヨンワ ボロ カルレ

- [ ] サスペンス

서스펜스
ソ ス ペン ス

> 例文 サスペンスドラマが人気だそうです。
>
> 서스펜스 드라마가 인기래요．
> ソ スペンス ドゥラマ ガ インッキレ ヨ

- [ ] ドロドロの愛憎劇

막장 드라마
マクチャン ドゥラ マ

> 例文 完全にドロドロのドラマだよ。
>
> 완전 막장 드라마야．
> ワンヂョン マクチャン ドゥラ マ ヤ

🌸 막장 드라마는、非現実的で無理が多いストーリー展開のドラマを指します。

- [ ] バラエティー

예능 프로
イェヌン プロ
(프로は프로그램「番組」
プロ　プログレム
の略)

> 例文 アイドルはバラエティー番組に出演します。
>
> 아이돌은 예능 프로에 출연해요．
> アイドルン イェヌン プロ エ チュリョネ ヨ

- [ ] 予告編

예고편
イェ ゴ ピョン

> 例文 新作映画の予告編を見た？
>
> 신작 영화 예고편 봤어？
> シンヂャク ヨンワ イェ ゴ ピョン ボァッソ

- [ ] 撮影地

촬영지
チャリョン ヂ

> 例文 このカフェがドラマの撮影地だって！
>
> 이 카페가 드라마 촬영지래！
> イ カペガ ドゥラマ チャリョンヂレ

6 推し活

> 推し活で使えるフレーズ

🎵 TRACK 035
SNSなどで メッセージを伝える

☐ デビューの時からのファンです。

데뷔 때부터 팬이에요.
_{テ ブィッテ ブ ト ペ ニ エ ヨ}

☐ ○○を見て推し活を始めました。

○○보고 입덕했어요.
_{ポ ゴ イプ ト ケッソヨ}

☐ 誕生日おめでとうございます。

생일 축하해요.
_{センイル チュカ ヘ ヨ}

☐ 1位おめでとうございます。

일위 축하해요.
_{イルウィ チュカ ヘ ヨ}

☐ ツアーがんばって！

투어 화이팅！
_{トゥオ ファイ ティン}

□ 忙しいと思うけど体調に気をつけてください。

바쁘겠지만 몸 조심해요.
パップゲッチ マン モム チョシ メ ヨ

□ 体調を崩さないようにね。

아프지 마요.
ア プ ヂ マ ヨ

□ 無理しないようにね。

무리하지 마요.
ム リ ハ ヂ マ ヨ

□ 日本で応援しています。

일본에서 응원하고 있어요.
イル ボ ネ ソ ウンウォナ ゴ イッソヨ

□ 今日もお疲れさま。

오늘도 고생 많았어요.
オ ヌル ド コ セン マ ナッソ ヨ

□ いい夢を見てください。

좋은 꿈 꿔요.
チョウン ックム ックォ ヨ

🎵 TRACK 036

コンサートで 推しの言葉を理解したい！①

☐ （いち、）にの、さん！　（「せーのっ！」の意味で使う。）

(하나,) 둘, 셋！
ハナ　トゥル　セッ

☐ こんにちは。

안녕하세요.
アンニョンアセヨ

☐ ○○です。

○○입니다.
イムニダ

☐ 久しぶりです。

오랜만이에요.
オレンマニエヨ

☐ みなさんに会いたくて来ました。

여러분을 보고 싶어서 왔어요.
ヨロブヌル　ボゴ　シポソ　ワッソヨ

094

- [ ] 元気でしたか。

잘 지냈어요?
チャル ヂ ネッソ ヨ

- [ ] はい、元気でした。

네, 잘 지냈어요.
ネ チャル ヂ ネッソ ヨ

- [ ] みんな一緒に！

다 같이!
タ カ チ

- [ ] 準備できましたか。

준비 됐어요?
チュン ビ ドゥェッソ ヨ

- [ ] 一緒に歌いましょう。

같이 불러요.
カ チ プル ロ ヨ

- [ ] もっと大きく。

더 크게.
ト ク ゲ

> 推し活で使えるフレーズ

♪ TRACK 037
コンサートで推しの言葉を理解したい！②

- 叫んで！

  소리 질러！
  ソリ チルロ

- とてもいいです。

  너무 좋아요.
  ノム チョアヨ

- 拍手！

  박수！
  パクス

- 新曲をお聞かせします。

  신곡을 들려 드릴게요.
  シンゴグル トゥルリョ ドゥリルッケヨ

- もう最後の曲です。

  벌써 마지막 곡이에요.
  ポルッソ マジマク コギエヨ

- アンコール！

앵콜！
エンコㇽ

- 立って！

일어나！
イロナ

- ジャンプ！

뛰어！
ットィ オ

- 今日は楽しかったですか。

오늘 즐거웠어요？
オヌㇽ チュㇽゴ ウォッソヨ

- 本当にありがとうございました。

정말 감사합니다．
チョンマㇽ カムサハムニダ

- これからもたくさん愛してください。

앞으로도 많이 사랑해 주세요．
アプロド マニ サランエ ヂュセヨ

6 推し活

> 推し活で使えるフレーズ

🎵 **TRACK 038**

推しと
ヨントンで会話したい！

☐ ヨントン（映像通話のイベント）に当選しました！

영통에 당첨됐어요!
ヨントン エ　タン チョム ドゥェッソ　ヨ

☐ とても緊張しています。

너무 떨려요.
ノ　ム　ットルリョ　ヨ

☐ ドキドキです。

설레요.
ソル レ　ヨ

☐ すごく会いたかったです。

너무 보고 싶었어요.
ノ　ム　ポ ゴ　シ ポッソ　ヨ

☐ 夢みたいです。

꿈만 같아요.
ックムマン　ガタ　ヨ

☐ 毎日歌を聴いています。

매일 노래를 듣고 있어요.
メイ ル ノ レ ル ル トゥッ コ イッ ソ ヨ

☐ 聴くと元気になります。

들으면 힘이 나요.
トゥル ミョン ヒ ミ ナ ヨ

☐ 私に力を与えてくれる存在です。

나한테 힘을 주는 존재예요.
ナ ハン テ ヒ ム ル ヂュ ヌン ヂョン ヂェ イェ ヨ

☐ 少しだけ歌ってくれませんか。

조금만 불러 주시면 안될까요?
チョ グ ム マン プル ロ ヂュ シ ミョン アン ドゥェル ッカ ヨ

☐ 私の名前を呼んでください。

제 이름 불러 주세요.
チェ イ ル ム プル ロ ヂュ セ ヨ

☐ 泣きそうです。

눈물 날 것 같아요.
ヌン ム ル ナ ル ッ コッ カ タ ヨ

6 推し活

> 推し活で使えるフレーズ

🎵 TRACK 039
SNSなどで 推し仲間と会話

- ☐ 推しが存在していた。

  최애가 실존하더라.
  チェエガ シルチョナドラ

- ☐ （美しすぎて）眩しくて見ることができなかった。

  눈 부셔서 못 보겠더라.
  ヌン プショソ モッ ポゲットラ

- ☐ 推しと目が合った。

  최애하고 눈이 마주쳤다.
  チェエハゴ ヌニ マヂュチョッタ

- ☐ 声が素敵すぎます。（直訳は「こまくがすべて溶けました。」）

  고막 다 녹았어요.
  コマクタ ノガッソヨ

- ☐ チケッティング成功！

  티켓팅 성공！
  ティケッティン ソンゴン

100

- [ ] 聖地巡礼に行ってきたよ。

  성지순례 갔다왔어.
  ソンヂスルレ カッタ ワッソ

- [ ] 推しが通っていたお店！

  최애가 다니던 가게！
  チェエガ タニドン カゲ

- [ ] この席に座ったんだって。

  이 자리에 앉았대.
  イ チャリエ アンヂャッテ

- [ ] 次は事務所巡りに行こう！

  다음에는 소속사 투어에 가자！
  タウメヌン ソソクサ トゥオエ カヂャ

- [ ] 見るたびに惚れます。

  볼 때마다 반해요.
  ポルッテマダ パネヨ

- [ ] 胸キュンしました。

  심쿵했어요.
  シムクン エッソヨ

6 推し活

COLUMN
韓国での팬질(ペンジル)

팬질(ペンジル) とは、「**ファンとしての活動**」という意味です。팬(ペン)は「ファン」、질(ジル)は「行動」という単語から成る造語です。
팬질とは、ただアルバムを買ったりコンサートに行ったりSNSを見たりするだけではないようです。

誕生日の広告

韓国では、地下鉄のホームや地下道の広告に、팬たちが、**推しの広告を出して祝う**という팬질があります。これは、誕生日を祝うだけでなく、多くの人にそのアイドルを知ってもらおうという意味も含まれています。
そして、推し本人が広告を見に行って写真を撮り、SNSに感謝の気持ちをアップすることがあり、팬たちとの距離が近くなります。

コーヒーカー

韓国の팬たちは、**ドラマや映画の撮影現場に差し入れ**を積極的にします。
推しの写真が大きく掲げられたフードトラックを準備し、お弁当やコーヒーの差し入れなどをするのです。芸能人同士で送り合うこともあります。
差し入れのお弁当などは、共演者だけでなくその現場にいるスタッフの分まで用意します。共演者やスタッフに対して、うちの「○○」をよろしくお願いします、という願いが込められているそうです。

> マスター

マスターとは、芸能事務所は非公認ですが、空港での出入国やコンサートなどのイベントの時に**写真を撮ってSNSやファンサイトにあげる人のこと**を言います。誕生日の広告やコーヒーカーの差し入れなどは、このマスターが筆頭となり、팬たちへ呼びかけて資金を集め、大掛かりに行います。
マスターたちは、このような팬질を勝手には行いません。特に差し入れなどは迷惑になりかねないので、必ず事務所に確認を取ります。

> 어덕행덕 (幸せなオタ活)

팬질のなかには、まれに行き過ぎた行為も見受けられるようで、その場合は事務所が法的な対処をすることがあります。
팬として健全な活動を行い、正しい方法で応援することが大切です。そのことを啓蒙するための言葉があります。気をつけて楽しみたいですね。

어덕행덕
オ ドクケンドゥ

下の文の赤い文字を用いた略語で、
幸せにオタ活（オタクの活動）しようという意味です。

어차피 **덕**질할 거 **행**복하게 **덕**질하자！
オ チャピ トクチルハル コ ヘンボッカゲ トクチラヂャ
どうせ　オタ活するなら幸せにオタ活しよう！

推し活で使える TRACK 040
単語おきかえフレーズ

シーンごとに使えるフレーズを紹介！
□の中にそれぞれの単語を入れて使ってみよう♪

推しに好きなものを聞きたいとき

どんな □ が好きですか。

어떤 □ 좋아해요 ?
オットン　　　チョ　ア　ヘ　ヨ

歌	歌手	俳優
노래 ノ　レ	가수 カ　ス	배우 ペ　ウ

スポーツ	食べ物	本
 스포츠 ス　ポ　チュ	음식 ウム シク	책 チェク

色	人	映画
 색 セク	사람 サ　ラム	영화 ヨン　ワ

104

あ

あ
- アイス …… 071
- アイスカフェモカにします。 …… 071
- アイスコーヒー …… 070
- アイドル …… 080
- アイドルはバラエティー番組に出演します。 …… 091
- 青 …… 045
- 赤 …… 045
- 赤いマフラーをください。 …… 043
- アカウント …… 089
- アカウントを持っていますか。 …… 089
- アクション …… 091
- アクション映画を見に行かない？ …… 091
- アクスタ …… 087
- あずき氷が一番好き！ …… 072
- 温かいものをください。 …… 076
- 熱い …… 055
- 厚着をする …… 044
- 甘い …… 055
- 雨が降っているからチヂミをどうですか。 …… 054
- アメリカーノください。 …… 074
- アメリカーノひとつください。 …… 070
- ありがとうございます。お疲れ様です。 …… 033
- アルバム …… 082
- アンコール！ …… 097

い
- いいえ、ありません。 …… 046
- いい夢を見てください。 …… 093
- いくらくらいでしょうか。 …… 032
- いくらですか。 …… 062
- 石焼ビビンバがとても熱いよ。 …… 055
- 忙しいと思うけど体調に気をつけてください。 …… 093

105

1位おめでとうございます。 …………………………………………… 092
(いち、)にの、さん！ ………………………………………………… 094
1名です。 ……………………………………………………………… 060
1年ぶりにカムバックしました。 ……………………………………… 083
1階 ……………………………………………………………………… 035
一緒に歌いましょう。 ………………………………………………… 095
一緒に推し活しよう！ ………………………………………………… 080
一般的なブラックコーヒー …………………………………………… 070
イヤーマフ ……………………………………………………………… 043
イヤリング ……………………………………………………………… 043
いらっしゃいませ。 …………………………………………………… 060
色 ………………………………………………………………………… 104
〜色の〇〇ありますか。 ……………………………………………… 050
インスタライブ ………………………………………………………… 083

う ウォン ………………………………………………………………… 027
薄着をする ……………………………………………………………… 044
薄くする ………………………………………………………………… 070
歌 ………………………………………………………………………… 104
うちわ …………………………………………………………………… 087
うちわに推しの名前を書きました。 ………………………………… 087
(美しすぎて) 眩しくて見ることができなかった。 ………………… 100
運転手さん、こんにちは。 …………………………………………… 032

え エアコンがつきません。 ……………………………………………… 031
映画 …………………………………………………………… 090・104
駅 ………………………………………………………………………… 036
エプロン ………………………………………………………………… 053
円 ………………………………………………………………………… 027
エンディング妖精 ……………………………………………………… 083
円をウォンに換えたいんですけれど。 ……………………………… 027

お おいしいです。 ………………………………………………………… 061
おいしかったです。 …………………………………………………… 061
大きい …………………………………………………………………… 044
大きいものください。 ………………………………………………… 074
多くのフォロワーを持っている。 …………………………………… 088
大物アーティスト ……………………………………………………… 085
大物アーティストがコラボする。 …………………………………… 085
お会計をしてください。 ……………………………………………… 062
おかず …………………………………………………………………… 053
おかずをもう少しください。 ………………………………………… 053
おかわりできますか。 ………………………………………………… 067
推しが存在していた。 ………………………………………………… 100
推し活 …………………………………………………………………… 080
推し活仲間 ……………………………………………………………… 080

推し活仲間と会うよ。 …………………………………………………………… 080
推し活をするようになる ………………………………………………………… 080
推しが通っていたお店！ ………………………………………………………… 101
推しと目が合った。 ……………………………………………………………… 100
おしぼりをください。 …………………………………………………………… 066
お好きな席にどうぞ。 …………………………………………………………… 059
お釣りはいりません。 …………………………………………………………… 033
お釣りをください。 ……………………………………………………………… 033
おなかいっぱいです。 …………………………………………………………… 067
お名前を教えていただけますか。 ……………………………………………… 057
お箸は必要でいらっしゃいますか。 …………………………………………… 052
お土産で帽子をもらいました。 ………………………………………………… 040
オレンジ色 ………………………………………………………………………… 045
音源 ………………………………………………………………………………… 085
音源チャートで１位になりました。 …………………………………………… 085

か

カードで支払いできますか。 …………………………………………………… 048
外出するときはサンクリームを塗ってください。 …………………………… 039
かき氷 ……………………………………………………………………………… 072
歌手 ………………………………………………………………………………… 104
〇月〇日は予約できますか。 …………………………………………………… 056
かばん ……………………………………………………………………………… 040
カフェモカ ………………………………………………………………………… 078
カフェラテ ………………………………………………………………………… 078
カプチーノ ………………………………………………………………………… 078
紙コップ …………………………………………………………………………… 071
紙コップでください。 …………………………………………………………… 071
カムバ ……………………………………………………………………………… 083
カムバック ………………………………………………………………………… 083
辛い ………………………………………………………………………………… 055
辛さを控えめにしてください。 ………………………………………………… 066
カルご ……………………………………………………………………………… 068
かわいいエプロンを買いました。 ……………………………………………… 053
かわいい靴を見つけました。 …………………………………………………… 040
かわいいスカートをはいています。 …………………………………………… 042
観光 ………………………………………………………………………………… 026
観光で来ました。 ………………………………………………………………… 026
韓国コスメは世界的に人気だよ。 ……………………………………………… 038
韓国ドラマが流行っています。 ………………………………………………… 090
韓国に旅行をします。 …………………………………………………………… 026

107

韓国のアイドルが好きです。 ……………………………………………………… 080
韓国のスイーツは甘くてかわいいよ。 ………………………………………… 055
完全にドロドロのドラマだよ。 ………………………………………………… 091

き 黄色 ……………………………………………………………………………… 045
期間限定のセールです。 ………………………………………………………… 087
聴くと元気になります。 ………………………………………………………… 099
黄緑色 ……………………………………………………………………………… 045
キムチ ……………………………………………………………………………… 068
QR コード決済はできますか。 ………………………………………………… 048
牛乳 ………………………………………………………………………………… 071
餃子 ………………………………………………………………………………… 068
今日は楽しかったですか。 ……………………………………………………… 097
今日のエンディング妖精は誰だろう。 ……………………………………… 083
今日もお疲れさま。 ……………………………………………………………… 093
金色 ………………………………………………………………………………… 045
銀色 ………………………………………………………………………………… 045
銀行で両替したいんですが。 …………………………………………………… 029

く 空港 ……………………………………………………………………………… 026
空港に到着しました。 …………………………………………………………… 026
薬指に指輪をはめました。 ……………………………………………………… 043
口紅 ………………………………………………………………………………… 039
口紅を塗ってみてください。 …………………………………………………… 039
靴 …………………………………………………………………………………… 040
靴下 ………………………………………………………………………………… 050
グループ全体推し ………………………………………………………………… 081
グレー ……………………………………………………………………………… 045
クレジットカードは使えますか。 …………………………………………… 062
黒 …………………………………………………………………………………… 045
クロッフル ………………………………………………………………………… 072

け ケーキ …………………………………………………………………………… 072
ケーキを食べたいです。 ………………………………………………………… 072
化粧水 ……………………………………………………………………………… 038
化粧水で整えてください。 ……………………………………………………… 038
化粧品 ……………………………………………………………………………… 038
元気でしたか。 …………………………………………………………………… 095
現金で支払いできますか。 ……………………………………………………… 048
現金払いでもいいですか。 ……………………………………………………… 033
限定 ………………………………………………………………………………… 087

こ ご案内いたします。こちらへどうぞ。 ……………………………………… 059
公式グッズ ………………………………………………………………………… 086
更新 ………………………………………………………………………………… 089
香水 ………………………………………………………………………………… 039
香水を少しつけました。 ………………………………………………………… 039

紅茶 ……………………………………………………………… 078
交通カード ………………………………………………………… 027
交通カードをください。 ………………………………………… 027
声が素敵すぎます。 ……………………………………………… 100
コート ……………………………………………………………… 050
ゴールド …………………………………………………………… 045
氷を入れてください。 …………………………………………… 077
氷を抜いてください。 …………………………………………… 077
濃くする …………………………………………………………… 070
ここで降ります。 ………………………………………………… 033
ここで充電できますか。 ………………………………………… 077
コショウ …………………………………………………………… 053
コショウをかけるともっとおいしいです。 …………………… 053
コスメ ……………………………………………………………… 038
こちらに水冷麺ひとつください。 ……………………………… 054
このアクスタがお気に入り。 …………………………………… 087
この歌手のライブは感動的だ。 ………………………………… 085
このカフェがドラマの撮影地だって！ ………………………… 091
このクロッフルを温めてください。 …………………………… 072
この香水のテスターはありますか。 …………………………… 039
この席に座ったんだって。 ……………………………………… 101
このチゲはとても塩辛いです。 ………………………………… 055
このバスは市庁に行きますか。 ………………………………… 027
このパン屋は塩パンが有名だ。 ………………………………… 053
このファンデーションは良いね。 ……………………………… 039
この靴はサイズがぴったりだよ。 ……………………………… 044
このワンピースが一番売れてるよ。 …………………………… 042
これを温めてください。 ………………………………………… 076
これはインスタ映えするね。 …………………………………… 075
これをカットしてください。 …………………………………… 076
これからもたくさん愛してください。 ………………………… 097
これは辛いですか。 ……………………………………………… 066
これは公式グッズですよね？ …………………………………… 086
ご連絡先を教えていただけますか。 …………………………… 057
紺色 ………………………………………………………………… 045
コンサート ………………………………………………………… 082
コンサートに一緒に行きましょう。 …………………………… 082
コンサートのチケットを予約した？ …………………………… 082
こんにちは。 ……………………………………………………… 094
今晩、ラバンするよ。 …………………………………………… 083
コンビニ …………………………………………………………… 036

索引

109

さ

さ
サイズが大きいです。 ……………………………………… 044
サイズはいかがなさいますか。 ………………………… 074
サイダー …………………………………………………… 068
サイン入りのポスターをもらった。 …………………… 086
サイン会 …………………………………………………… 081
サイン会に当選しました。 ……………………………… 081
魚 …………………………………………………………… 053
昨年、デビューをしました。 …………………………… 082
叫んで！ …………………………………………………… 096
サスペンス ………………………………………………… 091
サスペンスドラマが人気だそうです。 ………………… 091
撮影地 ……………………………………………………… 091
砂糖 ………………………………………………………… 071
砂糖はどこにありますか。 ……………………………… 071
寒い日は厚着をします。 ………………………………… 044
サムギョプサル …………………………………………… 054
サムギョプサルはサンチュに包んで食べて。 ………… 054
3階 ………………………………………………………… 035
サンクリーム ……………………………………………… 039
30分くらいかかると思いますけれども。 ……………… 063
サンプルをたくさんください。 ………………………… 047
3名です。 ………………………………………………… 060

し
ジーパン …………………………………………………… 042
ジーパンがよく似合いますね。 ………………………… 042
塩 …………………………………………………………… 053
塩辛い ……………………………………………………… 055
時間はどのくらいかかるでしょうか。 ………………… 063
時代劇 ……………………………………………………… 090
7時はいかがでしょうか。 ……………………………… 057
市内にも換金所があります。 …………………………… 029
市内の地図を見せてください。 ………………………… 026
品切れです。 ……………………………………………… 046
シルバー …………………………………………………… 045
白 …………………………………………………………… 045
ジャージ …………………………………………………… 050
シャワーのお湯が出ません。 …………………………… 031
ジャンプ！ ………………………………………………… 097
シャンプー ………………………………………………… 041
熟成キムチがとても酸っぱいです。 …………………… 055
主人公に共感しました。 ………………………………… 090

110

	主人公	090
	準備できましたか。	095
	ショート動画	084
	ショート動画をアップロードしました。	084
	新曲がランキング1位を獲得した。	085
	新曲をお聞かせします。	096
	シングル	082
	新作映画の予告編を見た？	091
	新製品	050
す	スカート	042
	すごく会いたかったです。	098
	少し薄くしてください。	070
	少しお待ちいただけますか。	059
	少し濃くしてください。	070
	少しだけ歌ってくれませんか。	099
	酸っぱい	055
	ストロー	070
	ストローはありますか。	070
	スプーン	052
	スポーツ	104
	ズボン	042
	ズボンを脱ぎます。	042
	スムージー	078
	スローガン	086
せ	聖地巡礼に行ってきたよ。	101
	席	036
	石けん	041
そ	そうしましょう。	057
	そこで停めてください。	032
	その映画は退屈するはずがないですよ。	090
	ソロ	085
	ソロライブが大成功をした。	085

た

た	ターミナルを間違えてしまいました。	028
	体調を崩さないようにね。	093
	タオル	041
	タオルで拭きました。	041
	高いようですが。	033
	たくさん食べました。	067
	たくさん召し上がれ。	067

111

タクシー ……………………………………………………… 027
タクシーに財布を置き忘れた。 ……………………………… 027
タクシーを呼んでいただけますか。 ………………………… 030
タコ炒めはとても辛いです。 ………………………………… 055
立って！ ……………………………………………………… 097
食べていきます。 …………………………………………… 075
食べ物 ………………………………………………………… 104
だめです。 …………………………………………………… 063
誰にハマったの？ …………………………………………… 080
誕生日おめでとうございます。 …………………………… 092
誕生日にスローガンを作った。 …………………………… 086
ダンスプラクティス動画 …………………………………… 084
ダンスプラクティス動画を見よう！ ……………………… 084

ち
チーク ………………………………………………………… 039
チークはピンク色がかわいいです。 ……………………… 039
小さい ………………………………………………………… 044
小さいものください。 ……………………………………… 074
チェックインをお願いします。 …………………………… 030
近くにおいしいお店はありますか。 ……………………… 034
近くにお店はありますか。 ………………………………… 034
（近く／遠くの人に対して）すみません。 ……………… 061
地下鉄 ………………………………………………………… 027
地下鉄に乗り換えればいいです。 ………………………… 027
地下鉄の駅はどこですか。 ………………………………… 035
チケッティング成功！ ……………………………………… 100
チゲはスプーンで食べます。 ……………………………… 052
地図 …………………………………………………………… 026
父は時代劇が好きです。 …………………………………… 090
チヂミ ………………………………………………………… 054
茶色 …………………………………………………………… 045
チャージしたいんですが。 ………………………………… 029
チャプチェ …………………………………………………… 054
チャプチェを作ってみましょうか。 ……………………… 054
注文します。 ………………………………………………… 061
注文をお伺いしましょうか。 ……………………………… 074
ちょっと高いですね。 ……………………………………… 047

つ
ツアーがんばって！ ………………………………………… 092
次は事務所巡りに行こう！ ………………………………… 101
冷たいものください。 ……………………………………… 076

て
ティーザー …………………………………………………… 083
ティーザーがとても新鮮でした。 ………………………… 083
T-money カードはどこで手に入りますか。 ……………… 029
テイクアウトはできますか。 ……………………………… 062

112

(テイクアウト用の) ホルダーに入れてください。 …………… 076
ティッシュペーパー ……………………………………… 041
ティッシュペーパーがありません。 ……………………… 041
○○です。 …………………………………………………… 094
テスター ……………………………………………………… 039
手数料はいくらですか。 …………………………………… 029
では、他のものはありますか。 …………………………… 046
デパート ……………………………………………………… 036
デビュー ……………………………………………………… 082
デビューアルバムをリリースします。 ………………… 082
デビューシングルが大ヒットとなった。 ……………… 082
デビューの時からのファンです。 ……………………… 092
手袋 …………………………………………………………… 043
手袋がないと寒いです。 …………………………………… 043
手を石けんで洗いました。 ………………………………… 041
店内でお召し上がりですか。お持ち帰りですか。 …… 075
トイレ ………………………………………………………… 036
トイレにトイレットペーパーがなくなりました。 …… 031
トイレの暗証番号は何ですか。 ………………………… 075
搭乗口はどこですか。 ……………………………………… 028
どうやって行けばいいですか。 ………………………… 035
トゥンカロン ………………………………………………… 073
トゥンカロンを見ると、幸せな気持ちになります。 … 073
ドキドキです。 ……………………………………………… 098
時計 …………………………………………………………… 040
トッポッキ …………………………………………………… 068
とても緊張しています。 …………………………………… 098
とてもいいです。 …………………………………………… 096
どのくらい時間がかかりますか。 ……………………… 032
○○と申します。 …………………………………………… 057
友達申請 ……………………………………………………… 089
友達申請してもいいですか。 …………………………… 089
ドラマ ………………………………………………………… 090
取り皿 ………………………………………………………… 052
取り皿はもっと必要ですか。 …………………………… 052
トレカ ………………………………………………………… 087
トレカの無料配布をします！ …………………………… 087
トレカを持っている方いらっしゃいますか。 ………… 087
ドロドロの愛憎劇 …………………………………………… 091
どんな〜が好きですか。 …………………………………… 104

と

索引

113

な

な
ナイフ ……………………………………………… 052
ナイフを使うときは気をつけて。 ………………… 052
長ズボン ………………………………………… 050
長袖シャツ ………………………………………… 050
泣きそうです。 …………………………………… 099
夏でも薄着をしすぎないで。 …………………… 044
何になさいますか。 ……………………………… 060
生配信 ……………………………………………… 083
何階にありますか。 ……………………………… 035
何時なら予約できますか。 ……………………… 057
何時に予約をいたしましょうか。 ……………… 056
何日なら予約できますか。 ……………………… 057
何名様ですか。 …………………………………… 060

に
○○に行きたいんですけれど。 ………………… 035
2階 ………………………………………………… 035
苦い ………………………………………………… 055
肉 …………………………………………………… 053
〜にします。 ……………………………………… 078
2泊3日で予約しました。 ……………………… 030
日本語ができるスタッフはいますか。 ………… 030
日本語のメニューはありますか。 ……………… 061
日本で応援しています。 ………………………… 093
荷物をあずけていいですか。 …………………… 030
2名です。 ………………………………………… 060
入国審査カードをください。 …………………… 028

ね
ネックレス ………………………………………… 043

の
ノースリーブのワンピース ……………………… 050
○○のブイログは人気だ。 ……………………… 084
乗り換えるところ ………………………………… 036
のり巻き …………………………………………… 068
飲んでいきます。 ………………………………… 075

は

は
○○はありますか。 ……………………………… 046
はい、あります。 ………………………………… 046
灰色 ………………………………………………… 045
はい、ください。 ………………………………… 049
はい、元気でした。 ……………………………… 095

114

はい、住所はどちらですか。 …………………… 063
はい、使えます。 ……………………………… 062
はい、どうぞ。 ………………………………… 049
はい。こちらに来てください。 ……………… 047
はい。できます。 ……………………………… 056
配達できますか。 ……………………………… 063
俳優 ……………………………………………… 104
拍手！ …………………………………………… 096
箱推し …………………………………………… 081
箸 ………………………………………………… 052
バス ……………………………………………… 027
バスタオルをもう１枚お願いします。 ……… 031
バス乗り場 ……………………………………… 036
パスポート ……………………………………… 026
パスポートはあります。 ……………………… 048
パスポートを見せていただけますか。 ……… 026
パック …………………………………………… 038
パックは種類が多い。 ………………………… 038
ハッシュタグ …………………………………… 089
ハッシュタグを検索してみて。 ……………… 089
バッテリー ……………………………………… 041
バッテリーが切れたらどうしよう？ ………… 041
〜はどこですか。 ……………………………… 036
花柄のイヤリングをしているよ。 …………… 043
歯ブラシ ………………………………………… 041
歯ブラシで歯を磨きます。 …………………… 041
ハマる …………………………………………… 080
バラエティー …………………………………… 091
半ズボン ………………………………………… 050
半袖 T シャツ …………………………………… 050
非公式グッズ …………………………………… 086
非公式グッズではないでしょうか？ ………… 086
久しぶりです。 ………………………………… 094
ビザを申請しましたか。 ……………………… 028
左に行けばいいです。 ………………………… 035
ぴったりだ ……………………………………… 044
必要ありません。 ……………………………… 049
人 ………………………………………………… 104
ビビンバ ………………………………………… 068
美容液 …………………………………………… 038
美容液は肌に効果的だ。 ……………………… 038
ピンク …………………………………………… 045
ファン …………………………………………… 080

115

ファンクラブ	087
ファンクラブイベントがある。	087
ファンサービス	081
ファンサービスしてくれてありがとうございます。	081
ファンデーション	039
ファンの集団	081
ファンミーティング	081
ファンミーティングに一緒に行きましょう！	081
ブイログ	084
ブイログの編集は大変だ。	089
フォーク	052
フォークもありますか。	052
フォロー	088
フォロー返し	088
フォローしてね！	088
フォロバします！	088
フォロバする	088
フォロワー	088
服	042
袋は必要ですか。	049
服を着ます。	042
プチプラ	038
プチプラなのにハイスペック。	038
冬でもアイスアメリカーノを飲んでいます。	070
冬にはイヤーマフが必要だよ。	043
フラペチーノ	078
ブランドのかばんを買いたいです。	040
ブルコギ2人分ください。	060
プレゼントでちょっとネックレスを買ってちょうだい。	043
ブレンドください。	074
ブロック	088
ブロックが解除されたらいいな。	088
プロフィール	088
プロフィールに写真を追加しました。	088

へ

ベーグル	072
ベーグルにはまっています。	072
部屋を変えてください。	031
ベルが鳴ったら取りに来てください。	075
編集	089
ペンライト	086
ペンライトは必須アイテムだ。	086

ほ

ホイップクリームをのせてください。	077
ポイントを貯めています。	077

帽子 ……………………………………………………… 040
ホームページが更新されました。 ……………………… 089
ホームページマスター …………………………………… 089
ポスター …………………………………………………… 086
ホット ……………………………………………………… 071
ホットチョコラテにします。 …………………………… 071
ホットチョコレート ……………………………………… 078
ホテル ……………………………………………………… 036
本 …………………………………………………………… 104
本当にありがとうございました。 ……………………… 097
本命 ………………………………………………………… 081
本命は誰ですか。 ………………………………………… 081

ま

ま 毎日歌を聴いています。 ………………………………… 099
毎日時計をつけています。 ……………………………… 040
前売り ……………………………………………………… 082
マグカップ ………………………………………………… 071
マグカップで差し上げましょうか。 …………………… 071
マスター …………………………………………………… 089
マスター様が作ったカレンダーが売られている。 …… 089
またインスタライブしてください。 …………………… 083
マッコリ …………………………………………………… 054
マッコリは肌に良いです。 ……………………………… 054
○○まで行ってください。 ……………………………… 032
○○まではどうやって行くのですか。 ………………… 029
窓側の席にしてください。 ……………………………… 028
マフィン …………………………………………………… 078
マフラー …………………………………………………… 043
み 右に行けばいいです。 …………………………………… 035
水色 ………………………………………………………… 045
水をください。 …………………………………………… 066
見ているだけです。 ……………………………………… 047
緑色 ………………………………………………………… 045
みなさんに会いたくて来ました。 ……………………… 094
ミルク ……………………………………………………… 071
見るたびに惚れます。 …………………………………… 101
みんな一緒に！ …………………………………………… 095
む 胸キュンしました。 ……………………………………… 101
紫色 ………………………………………………………… 045
無理しないようにね。 …………………………………… 093

索引

117

無料の Wi-Fi を使ってください。 …………………………………………………… 027
無料配布 …………………………………………………………………………………… 087

め メガネ ……………………………………………………………………………………… 040
メガネをかけています。 ………………………………………………………………… 040
免税店 ……………………………………………………………………………………… 036
免税になりますよね。 …………………………………………………………………… 048

も もう一度、おっしゃってください。 ……………………………………………………… 059
もう最後の曲です。 ……………………………………………………………………… 096
申し訳ありません。ただいま満席です。 …………………………………………… 058
もう少しください。 ……………………………………………………………………… 067
もう少しミルクを入れてください。 …………………………………………………… 071
もしかして入店待ちの列ですか。 …………………………………………………… 058
もしもし、注文したいんですが。 ……………………………………………………… 063
持ち帰ります。 …………………………………………………………………………… 075
持っています。 …………………………………………………………………………… 047
もっと大きく。 …………………………………………………………………………… 095
もっと辛くしてください。 ……………………………………………………………… 066

や

や 焼き網を替えてください。 ……………………………………………………………… 067
焼き魚を食べたいです。 ………………………………………………………………… 053
薬菓 ………………………………………………………………………………………… 072
薬菓は伝統的なお菓子だ。 …………………………………………………………… 072
ヤンニョムチキン ………………………………………………………………………… 068

ゆ ゆず茶 ……………………………………………………………………………………… 068
ゆっくり言ってください。 ……………………………………………………………… 059
指輪 ………………………………………………………………………………………… 043
夢みたいです。 …………………………………………………………………………… 098

よ 予告編 ……………………………………………………………………………………… 091
予約していません。席はありますか。 ……………………………………………… 058
予約しました。名前は○○です。 …………………………………………………… 058
予約なさいましたか。 …………………………………………………………………… 058
予約購入 …………………………………………………………………………………… 082
予約販売 …………………………………………………………………………………… 083
予約販売のイベントがあります。 …………………………………………………… 083
ヨントンに当選しました！ ……………………………………………………………… 098

ら

ら ライブ ……………………………………………………………………………………… 085

ラップパート …………………………………………………… 085
ラップパートが一番かっこよかったです。 …………………… 085
ラブコメ ………………………………………………………… 090
ランキング ……………………………………………………… 085

り 「良薬は口に苦し」と言いますよね。 ……………………… 055
旅行 ……………………………………………………………… 026
リンスがなくなって、シャンプーだけした。 ………………… 041

れ 冷麺 ……………………………………………………………… 054
レートはいくらですか。 ……………………………………… 029
レーベル ………………………………………………………… 084
レーベルは音楽を作る会社だよ。 …………………………… 084
レシートはいりません。 ……………………………………… 049
レシートをください。 ………………………………………… 049
レシートを見せてください。 ………………………………… 048
練習生 …………………………………………………………… 084
練習生は、がんばっているよ。 ……………………………… 084

ろ 6時にお願いします。 ………………………………………… 056
6時は予約でいっぱいです。 ………………………………… 056
ロマンティックコメディ ……………………………………… 090

わ

わ わあ！　おいしそう。 ………………………………………… 061
わぁ、ほんとうに安いですね。 ……………………………… 047
Wi-Fi …………………………………………………………… 027
Wi-Fi がつながらないです。 ………………………………… 031
Wi-Fi のパスワードは何ですか。 …………………………… 077
わかりました。 ………………………………………………… 059
私たちのファンダム、愛してます！ ………………………… 081
私、箱推しだよ。 ……………………………………………… 081
私に力を与えてくれる存在です。 …………………………… 099
私には小さいです。 …………………………………………… 044
私の名前を呼んでください。 ………………………………… 099
私は豚肉が一番好きです。 …………………………………… 053
私は〇〇ファンです。 ………………………………………… 080
私はラブコメが特に好きです。 ……………………………… 090
ワッフル ………………………………………………………… 078
ワンピース ……………………………………………………… 042

を 〇〇を買いたいんですけれど。 ……………………………… 034
〜をください。 ………………………………………………… 068
〇〇をご存じですか。 ………………………………………… 034
〇〇を食べたいんですけれど。 ……………………………… 034
〇〇を見て推し活を始めました。 …………………………… 092

119

Staff

著者	丹羽裕美
編集協力	株式会社カルチャー・プロ（中村淳一） 田中ほのか、保谷恵那、野村梓
校正	石川ちえみ、藤塚友理奈、尹 瑞伶
装丁デザイン	西垂水敦・内田裕乃（krran）
本文デザイン	岡部夏実（Isshiki）
DTP	原真一朗（Isshiki）
音声収録・編集	一般財団法人　英語教育協議会（ELEC）
企画編集	中村円佳

サンリオキャラクターズと韓国語スタートブック
単語＆フレーズを覚えよう！

2025年4月29日　第1刷発行

発行人	川畑勝
編集人	安田潤
編集長	野村純也
編集担当	中村円佳
発行所	株式会社 Gakken 〒141-8416 東京都品川区西五反田 2-11-8
印刷所	大日本印刷株式会社
加工所	株式会社大和紙工業

© 2025 SANRIO CO., LTD. TOKYO, JAPAN Ⓗ

【この本に関する各種お問い合わせ先】
・本の内容については、下記サイトのお問い合わせフォームよりお願いします。
　https://www.corp-gakken.co.jp/contact/
・在庫については
　Tel 03-6431-1197（販売部）
・不良品（落丁、乱丁）については
　Tel 0570-000577
　学研業務センター　〒354-0045 埼玉県入間郡三芳町上富 279-1
・上記以外のお問い合わせは
　Tel 0570-056-710（学研グループ総合案内）

・本書の無断転載、複製、複写（コピー）、翻訳を禁じます。
・本書を代行業者等の第三者に依頼してスキャンやデジタル化することは、たとえ個人や家庭内の利用であっても、著作権法上、認められておりません。
・学研グループの書籍・雑誌についての新刊情報・詳細情報は、下記をご覧ください。
　学研出版サイト https://hon.gakken.jp/